# FRESHKILLS
## LUCIE TAÏEB

Pour l'édition québécoise : © éditions Varia
(une division du Groupe Nota bene) Québec, 2019
Pour l'édition française : © (éditions) La Contre Allée (2020)
Collection Un Singulier Pluriel

# FRESHKILLS
## LUCIE TAÏEB

Avant-propos

C'est à Berlin que cette histoire commence, comme peut-être commencent désormais à Berlin toutes les histoires de ruine, de hantise et d'oubli. Nous sommes au tout début du XXI<sup>e</sup> siècle et je travaille, presque par hasard, au sein d'une commission qui recherche, dans les archives berlinoises, les dossiers de demandes d'indemnisation des descendants ou des proches parents de victimes juives de spoliation durant la Seconde Guerre mondiale. Je lis les dossiers et les descriptions des objets perdus : les souvenirs d'appartements et de commerces, les machines à coudre, l'horloge, le manteau, le nom de mon père, celui de ma grand-mère, ma tante et je l'aimais, il ne me reste plus rien d'eux. Je lis les calculs établis par l'administration allemande, les réponses ; le langage des uns n'est pas celui des autres, la réponse ne répond jamais à la demande, et dans cet écart grandit mon malaise, celui de nous tous qui travaillons ici, équipe d'étudiants franco-allemands réunis par une jeune sociologue aux vues éclairées. Lorsque je ne suis pas au « bureau », j'erre beaucoup dans cette grande ville qui s'y prête terriblement.

Aux abords de la Potsdamer Platz, je vois pour la première fois, sans savoir de quoi il s'agit, ce chantier qui m'intrigue, de la terre et des stèles ; il ne s'agit pas d'un cimetière, mais ce sont bien des stèles, sur un périmètre assez vaste, encore interdit au public. Quelle impression étrange que ce cimetière sans morts, ces plaques sans noms, ce neuf, à partir de quoi ? J'apprends incidemment qu'un mémorial se prépare. Et l'idée me semble plus incongrue encore, à deux pas de cette place en chantier elle aussi, et qui ressemble, pour ce que j'en vois d'achevé, à une maquette grandeur nature, à une incarnation neutre du toc, où résonne, dans toutes ses nuances, l'adjectif « construit ».

Confrontée, jour après jour, au plus concret de la disparition, celle des corps et des objets (un forfait de quelques centaines de Deutsche Marks s'ajoute systématiquement à l'indemnisation, quand celle-ci a lieu ; c'est le montant moyen des « dernières possessions », ce que contenait la valise, ce que portaient les personnes sur elles avant d'être tuées), je doute qu'un mémorial, circonscrit dans un espace aussi passant, aussi peu propice au recueillement, puisse avoir l'effet escompté. Et quel effet, d'ailleurs ?

Lorsque je retourne à Berlin, quelques années plus tard, le mémorial est achevé, et mon scepticisme s'adoucit un peu, pour deux raisons : j'ai vu, sur les stèles, des petits cailloux. C'est le geste que l'on fait dans les cimetières juifs : on pose une petite pierre sur la tombe. Des gens sont venus et ils ont eu ce geste pour ces stèles qui, par là même, parce que reconnues comme telles, perdent leur artificialité, deviennent espace de recueillement.

L'autre raison, c'est que le monument n'a pas de limite fixe. Il se compose de rangées de stèles de hauteur variable ; au fur et à mesure que l'on s'approche du bord, les stèles sont de plus en plus basses, jusqu'à ce qu'elles ne soient plus que rectangles visibles sur le sol, rectangles qui se retrouvent encore, dispersés, aux abords du mémorial. Il n'y a ni entrée ni sortie, et ces marques au sol, qui dépassent des limites qu'on voudrait assigner au lieu, font signe vers l'extérieur, comme si, véritablement, la ville entière (le pays, le continent) portait, invisibles, ces tombes vides. Je pense au mémorial comme à un épicentre, à un espace dynamique où se matérialise un tremblement, une inquiétude de mémoire qui, lorsque l'on s'en éloigne, nous accompagnerait, nous ferait voir, dans toute la ville (le pays, le continent), ces tombes absentes, ce cimetière fantôme. Je finis par me consacrer à cette question qui me travaille. Une thèse, cinq ans.

Au lendemain de la soutenance, je tourne une page. Alors que tout tendait à ce que je me « spécialise », je prolonge, plus au moins à contrecœur, cette recherche par des articles connexes, puis plus rien.

Quelques années passent et une nouvelle question prend forme, qui me fascine. Je me retrouve, en apparence, complètement ailleurs. En apparence seulement, car c'est de nouveau un lieu que je veux explorer, c'est de nouveau une présence invisible qui me préoccupe, m'inquiète, me hante. Seulement, ce lieu, c'est une décharge, celle de Fresh Kills, telle qu'elle apparaît, terrifiante et majestueuse, dans *Outremonde*, de Don DeLillo.

C'est une rencontre fortuite, une coïncidence comme on n'en trouve que dans les romans. Brian rentre d'un long rendez-vous avec le mystérieux collectionneur, sombrement paranoïaque, qui possède peut-être l'objet qu'il désire ardemment retrouver : la balle de baseball d'un match légendaire, perdue dans son enfance. Sur le chemin du retour, il s'égare, et sans l'avoir prévu, se retrouve nez à nez avec la décharge qu'il doit visiter le lendemain ; c'est la raison même de sa venue à New York. Brian est cadre dans une entreprise de gestion des déchets (*waste management*). C'est peu de dire qu'il connaît les installations de traitement, mais le spectacle qui s'étend sous ses yeux, l'une des plus grandes décharges à ciel ouvert du monde, le fascine :

> La décharge lui montrait de plein fouet comment s'achève le flux des déchets, où venaient s'échouer tous les appétits et toutes les envies, les doutes pâteux, les choses qu'on voulait ardemment puis qu'on ne voulait plus. Il avait vu des centaines de décharges, mais aucune de cette ampleur. Oui, impressionnante et démoralisante. Il savait que la puanteur devait être portée par le vent jusque dans les salles à manger à des kilomètres à la ronde. Quand les gens entendaient un bruit la nuit, s'imaginaient-ils que le tas venait les encercler, glissant vers leurs maisons, terreur omnivore de cinéma venue boucher leurs portes et leurs fenêtres ? Le vent portait la puanteur à travers le marais. Brian prit une profonde inspiration, il emplit ses poumons. Voilà le défi auquel il aspirait, l'assaut contre sa complaisance et sa vague honte. Comprendre tout ça. Pénétrer ce secret.

À l'instant même où je referme le roman de DeLillo, je fais mienne cette aspiration : « Comprendre tout ça. Pénétrer ce secret. » La décharge ne m'a plus quittée, occupant mon esprit comme seul peut le faire ce qui suscite en nous – serait-ce inexplicable – un sentiment d'amour. Les déchets me sont apparus comme un continent immense, tentaculaire et jusque-là invisible, qu'il me fallait conquérir, pas à pas, livre après livre. Au sous-sol de la Bibliothèque nationale, je constitue la bibliographie qui devra me permettre de cerner cette réalité protéiforme, si lointaine, si étrangère, et qui cependant me touche intimement.

Pourtant, lorsque, suivant mon obsession, je me suis retrouvée à Staten Island, lorsqu'enfin je me suis tenue à l'endroit précis où Brian Glassic, héros d'*Outremonde*, rencontre les équipes sanitaires chargées de la gestion de Fresh Kills, ce n'est plus une décharge qui s'est offerte à mon regard : c'est un parc en devenir.

Dans son roman, retraçant plus de cinquante années d'histoire américaine, DeLillo cerne la décharge et la question des déchets, en stratège accompli, sur tous les fronts : dans sa littéralité, avec force détails et précisions, et dans ses dimensions métaphoriques. Les déchets sont l'envers de l'histoire, les cadavres dans le placard d'une société lisse, prospère, que rien ne peut venir corrompre, que rien n'atteint, où tout est toujours neuf, chaque jour un jour nouveau, ne portant ni trace ni stigmate de ce qui a pu avoir lieu la veille. Voir la décharge, c'est, dans le roman, être «initié», *enlightened*, exposé à une connaissance plus complète, plus profonde du réel : contempler l'envers de la société de consommation, approcher le lieu du secret. La prise de conscience est révélation, mystique.

Je lève les yeux du livre et je déplace le regard tout autour de moi. «Rien n'est plus invisible que ce qui s'offre au regard de tous», déclare l'un des personnages d'*Outremonde*. Comment se fait-il que j'aie moi-même, durant si longtemps, détourné le regard, considéré que les choses que je jetais disparaissaient une fois franchi le seuil magique de la poubelle ? Mon propre aveuglement m'intrigue, ainsi que ce pan entier de la réalité que le roman m'a révélé. Alors, je retourne à mes recherches, je creuse, et je découvre le grand classique de l'anthropologue britannique Mary Douglas : *Purity and Danger* (1966), «De la souillure». Elle y trace un parallèle entre le sens de nos pratiques d'hygiène et les rituels d'exclusion, d'évitement de l'impur, pratiqués dans les sociétés primitives. Dans un cas comme dans l'autre, nous dit-elle, il est question de maintenir la structure, la hiérarchie de l'ordre établi, en reléguant aux marges tout ce qui n'entrerait pas dans des catégories dont la définition même permet de faire exister et perdurer cet ordre.

 Elle rappelle pourtant aussi que « les marges, lieu de danger et de fragilité, recèlent aussi une forme d'énergie ». Ce qui est relégué aux confins, sous couvert de saleté ou de dangerosité, peut se convertir en attribut du pouvoir et se trouver mobilisé au cours de cérémonies rituelles. Il est toujours un moment, dans la vie des sociétés primitives auxquelles elle se consacre – et dont les pratiques symboliques ne diffèrent pas essentiellement des nôtres –, où la souillure revient dans la partie. Alors, incidemment, se dévoile l'illusion d'un ordre sans faille, d'une pureté exemplaire :

> Toutes les fois que nous imposons à notre existence un modèle rigoureux de pureté, elle devient inconfortable au plus haut point ; et si nous nous y tenons jusqu'au bout, nous débouchons sur des contradictions, ou encore sur l'hypocrisie. Car ce qui est nié ne disparaît pas pour autant ; cet aspect de nos vies, qui n'est pas conforme à nos catégories, existe bel et bien et réclame notre attention.

 Si je lève les yeux du roman de Don DeLillo, c'est pour les plonger dans d'autres livres, mais aussi pour regarder vers New York, Staten Island. L'immense décharge de Fresh Kills fermée depuis 2001 est en cours de réhabilitation. Elle deviendra, une fois achevé ce chantier de transformation immense, un parc récréatif naturel ouvert aux habitants de Staten Island et à tous les New-Yorkais, le Central Park du XXI$^e$ siècle. Sur le site de l'Alliance, association chargée de la promotion du futur parc, on peut déjà voir les images de ce que deviendra le projet une fois achevé : une pure nature, des prairies qu'un vent léger fait ondoyer, des images de synthèse aux bleus et aux verts saturés, sur lesquelles on n'a pas oublié les petites silhouettes en habits légers, joggeurs en plein effort, promeneurs aux sourires éclatants, chiens et enfants. Le slogan de l'Alliance annonce la «bonne nouvelle» : *Recycle the Land, Reveal the Future*. On savait que grâce au recyclage, une canette de bière peut se transformer en vélo, mais que devient la terre lorsqu'elle est recyclée ? Elle redevient elle-même ? Dans un reportage consacré à la transformation miraculeuse, l'anthropologue chargée de superviser la réhabilitation explique que New York a été bâtie, comme toutes les grandes villes, sur des déchets, qu'il suffit de creuser un peu pour trouver ces reliques, qu'il en va de même pour Central Park. Simplement, aujourd'hui, on considère qu'il s'agit d'archéologie urbaine, rien de plus.

J'apprends aussi qu'à Paris, tout parc présentant quelque relief a été, même brièvement, une décharge : les carrières des Buttes-Chaumont, le parc Montsouris, et même, oh ! même le petit labyrinthe du Jardin des Plantes. La pratique est ancienne, même si elle a de quoi surprendre, et pourtant, je ne puis m'empêcher de considérer le futur parc de Staten Island comme une incarnation du simulacre, le lieu artificiel par excellence, non seulement parce qu'il est constitué des restes de plus de soixante ans de consommation effrénée, mais surtout parce qu'il veut se faire passer pour ce qu'il n'est pas : un parc naturel, comme si la bonne volonté, associée à l'intelligence des ingénieurs et des concepteurs, pouvait effacer des décennies de mépris. Mépris de ce territoire naturel, marche saline, marais impropre à tout usage commercial, mais abritant une faune et une flore variées ; mépris pour les habitants de Staten Island, ceux de l'île, les bouseux, à qui on relègue la décharge, la puanteur, tout ce dont on ne veut pas. J'ai finalement si bien relevé les yeux de mon livre que j'ai fini par prendre un avion pour aller y voir de moi-même. Je suis arrivée à New York un jour de juin ; il faisait très lourd, l'orage m'est tombé dessus, j'ai photographié des poubelles le jour même de mon arrivée, les jours suivants. C'est le récit de ma brève incursion en terre dévastée que je retracerai ici.

J'ai tenté de saisir, depuis, s'il n'y avait pas un lien entre mes deux recherches, une sorte de fil souterrain qui relierait Berlin à Staten Island. La seule constante réelle, celle qui pour moi importe, c'est la surdité et l'aveuglement volontaires dont nous savons faire preuve collectivement. Pour dire nettement les choses, alors qu'on s'interroge aujourd'hui encore à propos de l'héritage d'« Auschwitz », de la marque laissée par l'extermination sur notre culture, il m'apparaît que c'est aussi d'Oswiecim, petite ville polonaise, ou de Mauthausen, ville d'Autriche (pour reprendre le titre de l'étude de Gordon J. Horwitz, historien qui retrace la vie des habitants de Mauthausen, dans le voisinage du camp), que nous sommes héritiers : ces bourgades calmes et industrieuses, imperturbables, au bord de l'horreur. Et il y a un vertige à considérer ces villes où une vie normale suivait son cours.

Ces temps sont révolus, n'est-ce pas ?

Pour parvenir à « fonctionner » dans notre monde, il reste pourtant nécessaire de fermer les yeux, d'alléger notre conscience, de l'ancrer dans un présent inoffensif et lisse.

La question du devenir de nos ordures ménagères est légère, dans le sens où aucune vie n'est en jeu, aucune mort, mais elle est symptomatique de l'aveuglement volontaire dans lequel nous vivons. Si le désastre écologique associé à notre consommation effrénée est préoccupant, s'il semble désormais évident qu'aucun geste ne «sauvera la planète», sinon un geste révolutionnaire et un changement radical de nos modes de production, ce qui me frappe surtout, c'est l'enclave mentale que nous nous construisons, l'illusion d'une ville propre, d'où disparaissent comme par magie tous les déchets, toutes les salissures.

J'ai l'idée (qui ne peut être un idéal) d'une perception pleine, exhaustive, de l'environnement urbain. Notre vision du lieu que nous habitons, où nous vivons, ne connaîtrait de limite ni dans l'espace ni dans le temps. L'arrondissement voisin serait encore chez nous. Nous pourrions sentir, dans les rues, dans le sol, la présence de ceux qui nous ont précédés. Nous saurions qui transporte nos ordures, où et comment elles finissent, ce qui se passe de l'autre côté de la ligne invisible, là où elles sont traitées. Personne n'a accès à une telle perception, saturée, extrême, et personne, sans doute, ne la supporterait. Seule la littérature, parfois, lève le voile.

Les lieux que nous ne voulons pas voir, les séparations mentales que nous construisons entre ici et là-bas (qui peut être juste à côté de nous), sont pléthore. Si le confort que l'on y gagne est évident, comment mesurer ce que l'on y perd, ce qui de nous se dessèche et s'atrophie, et nous laisse, le regard émoussé, perdus dans un semblant de réel qui ne peut pas suffire ?

Tandis qu'à Staten Island le chantier du grand parc récréatif naturel avance, les tonnes de déchets produits chaque jour à New York sont désormais exportées en Caroline du Sud.

*L'enfance, la toute petite, comme âge encore sans loi où n'existe, entre les objets, les matières, les choses, aucune hiérarchie. La feuille, la plume sont ramassées par terre, glissées dans la poche, portées à la bouche. Rien n'est encore sale – rien n'est propre non plus. Et je revois l'enfant avec ses petits cubes de bois colorés, me donnant l'un, puis l'autre, tendant très vite sa main ouverte pour que je les lui rende et modifiant quelques jours plus tard le jeu à l'improviste, alignant côte à côte tous les cubes au fur et à mesure que je les lui redonne, créant un ordre qui n'existe que pour lui et qu'il s'amusera, dès la ligne achevée, à détruire.*

ÉDEN

Au commencement était l'idylle.

Sur la rive nord-ouest de l'île s'étendent des territoires vierges que les premiers habitants du lieu, Indiens de la tribu Lenape, parcourent à pied, en canoë, marais salins à la flore singulière, opulente. Il ne reste de cette période que les quelques artefacts exposés au sous-sol du Musée historique de Staten Island, fossiles, objets dont plus aucun n'est authentique, et ce film diffusé en boucle. J'en garde un souvenir flou, musique supposée autochtone et reconstitution de ces scènes d'une vie qui, brutalement, s'achève.

Les premiers colons ont traversé la mer, conquis le territoire des Lenapes. Hollandais, ils renomment dans leur langue ce paysage qui désormais leur appartient, émaillent tous les environs, veinés de cours d'eau, d'un même mot, *kills,* « source », qui en anglais évoque le massacre. Arthur Kills : la source d'Arthur, Fresh Kills : source fraîche, Great Kills, la grande source (ou tuerie).

Parmi les joncs résonne le cri distinctif de l'aigrette bleue, on entend le froissement des herbes hautes au passage des castors et autres petits mammifères, un silence de chants, de clapotis, de craquements. Ici, vivre est encore possible, la nature s'offre à la main de l'homme, à la cueillette, à la chasse, à la pêche. En ce lieu qui aujourd'hui n'existe plus, on raconte qu'au début du siècle passé, de vieilles femmes venaient chercher des herbes médicinales, des Italiens par grappes passaient leur dimanche à l'affût de champignons qu'eux seuls savaient dénicher, et des juifs en habit noir choisissaient entre toutes les quelques baguettes de saule, les plus belles, les plus souples, qui serviraient au rituel de leur fête des cabanes. Pourtant, un autre destin attend cette terre, impropre à la culture et sur laquelle on ne peut rien bâtir. Si certaines rives de Staten Island restent préservées, Fresh Kills perdra sa pureté, sa fraîcheur, pour devenir le nom d'une honte.

Parmi les entretiens menés avec celles et ceux dont le destin fut lié à Fresh Kills, consignés aujourd'hui sur le site d'histoire orale du Département sanitaire de New York, je retiens le témoignage de H.B., petite fille dans les années 1940, dont la maisonnette, comme au milieu de nulle part, s'élevait dans ce paysage encore intact, ample, verdoyant, généreux. Elle parle de la liberté des enfants de l'époque, elle se rappelle son oncle qui partait, le dimanche, chasser le rat musqué, et la télévision en noir et blanc qu'on transformait en télévision couleur en la recouvrant de plastique transparent bleu, vert, orange. Elle décrit une zone quasi rurale, sans trottoir au bord de la grand-route, les enfants parcourant seuls plusieurs milles à bord des bus municipaux pour aller à l'école. À l'époque, nul ne s'en inquiétait, il y avait cette insouciance et cette liberté. Une fois par an seulement, Manhattan, les achats de Noël. Le reste du temps, on ne quittait guère l'île, se souvient H.B. On allait chez les uns, chez les autres, et les enfants, qu'on imagine à mi-chemin, s'attardaient en route dans ce monde à leur mesure qu'ils pouvaient arpenter à loisir sans être soumis à aucune surveillance.

Sa voix douce et posée exhale la nostalgie de cette vie disparue. Elle raconte que la maison lui semblait bien grande, mais qu'elle ne l'était pas, et que ce ne fut pas un déchirement de devoir la quitter lorsque la ville reprit le terrain. La maison, on peine à l'imaginer, ne fut pas détruite, mais, sur des rondins de bois, simplement déplacée.

Et après ? L'odeur pestilentielle, la destruction de la flore, de la faune, l'asphyxie. Les enfants ont grandi et ceux qui viennent après eux n'auront pas la même vie, ne connaîtront jamais cela : la nature comme terrain de jeu, devant et derrière la maison, zone franche, ouverte, sans danger. C'est, comme de fait, la fin de l'idylle.

L'installation d'une décharge à Fresh Kills n'est pas seulement nuisance ou malheur écologique. C'est un monde qu'elle détruit, héraut d'une nouvelle ère où l'enfance gâtée, cloîtrée, est assignée à un périmètre de sûreté, dépossédée de son royaume.

*De nouveau cette nausée qui me saisit en chemin vers le métro. Ce vertige vague qui ne m'empêche pas d'avancer, mais ralentit ma démarche. Le cœur au bord des lèvres, et qui ne sort jamais. Au cours de la matinée, le malaise se dissipera, se fera oublier, me permettant d'accomplir avec efficacité les différentes tâches qui s'imposent à moi. D'ici là, serrer les dents. C'est le soir, seulement, que cela me revient : non le malaise lui-même, mais le souvenir de la nausée, ce haut-le-cœur, ce tremblement imperceptible du réel (comme il tangue, comme tout tangue autour de moi !), ce remous détestable. La cause n'en est ni un parfum trop intense ni une odeur nauséabonde. La rue est propre, fraîche, les éboueurs viennent de passer, à 7 h, les trottoirs sont parfois encore humides et nets. Rien qui soit susceptible de m'indisposer. Ce qui me tourne le cœur, c'est l'odeur des cadavres qui gisent sous mes pas, dans les profondeurs du sol. Je ne l'explique pas, les os crissent, je les entends et ne le supporte pas. Une personne saine d'esprit s'arrêterait sur le coup de marcher, se mettrait à genoux, commencerait à creuser. À vider, sous l'asphalte, la terre de chacun de ces os enfouis, à déterrer les objets issus d'âges anciens. La rue entière est un seul et unique chantier d'archéologie – la rue, que dis-je, la ville, toutes les villes, sans parler des campagnes, des lointaines plaines vallonnées, des anciens champs de bataille. Cependant, le malaise ne prend jamais le dessus. Ce qui me submerge, à la nuit tombée, est terrible et n'a pas de nom. C'est une ombre sans fin, dont rien ne saurait me décharger.*

# DÉCHOIR

En 1896, George E. Waring Jr., colonel durant la guerre civile, devient commissaire au nettoyage des rues de New York. Ardent défenseur de l'idée selon laquelle la vente des déchets pourrait être source de profit, il dirige les équipes sanitaires de la ville comme jadis ses bataillons de soldats. Les éboueurs, organisés en « brigades blanches » (*white wings*) paradent, immaculés. C'est la fin du XIX$^e$ siècle, qui voit en France le triomphe de l'hygiénisme et, en Grande-Bretagne puis aux États-Unis, la naissance des premières décharges sanitaires.

Robert Moses, grand planificateur et « maître de New York », dont les vues ont tout autant marqué le visage actuel de la ville que celles d'Haussmann ont transformé Paris, s'intéresse lui aussi à la question des déchets, qui empoisonne littéralement la gestion de la ville. Il prône et met en œuvre l'assèchement des zones marécageuses par le dépôt, en ces mêmes zones, d'ordures.

En 1948, alors que plusieurs terrains de Staten Island et des autres *boroughs* de New York ont déjà connu cette transformation, l'État décide, malgré l'opposition forte des citoyens et des environnementalistes, que Fresh Kills sera, pour trois ans, décharge.

Trois ans.

Le temps de l'assécher et d'y construire un beau parc. Et dans quelques années, ce territoire impropre à tout sera enfin utilisable. La pratique préconisée vient de Grande-Bretagne, et l'on connaît la marche à suivre. Elle a un nom : *landfill*, « remplir la terre », et mieux encore, *sanitary landfill*, la remplir dans les règles de l'art, le respect des usages sanitaires, soit une couche d'ordures, puis une de matière inerte qui recouvre, assèche, évite que ne se propagent les mauvaises odeurs. La promesse est faite aux habitants de Staten Island : ils ne sentiront rien. Peut-être n'est-il pas inutile de rappeler que l'odeur, ici, n'est pas seulement question d'inconfort, mais parfois de vie ou de mort : « Les composés organiques mis en décharge génèrent de l'hydrogène sulfuré. La Commission européenne rappelle que l'odeur d'œuf pourri de ce gaz est détectable à 0,05 ppm. La toxicité apparaît à 150 ppm (paralysie du nerf olfactif), l'œdème pulmonaire à 300 ppm et une perte de conscience entraînant la mort à 500 ppm. » (Alain Damien, *Guide du traitement des déchets*)

Trois ans passent, durant lesquels les habitants endurent. La flore délicate et variée n'est plus ; c'est le règne des phragmites, plantes envahissantes, agressives et résistantes. Les infinies modulations des chants d'oiseaux cèdent au cri des mouettes, qui trouvent dans la décharge leur festin de chaque jour et tournoient inlassablement au-dessus de cette zone désolée. Aucune fin heureuse ne se profile.

Trois ans passent, mais aucune solution de rechange sérieuse n'existe au stockage des déchets produits quotidiennement à New York, et année après année, la décharge continue de ne pas fermer. Ainsi, elle accueille, traite, agence les ordures, et, monstrueusement, grandit. Les journaux ne reculent devant aucun excès verbal, aucune comparaison, pour décrire ce que Fresh Kills devient, ses quatre monts, cet empilage sans fin – jusqu'au ciel ? Pyramides de déchets, Alpes de poubelles. Pour ma part, j'ai Babel en tête, son arrogance dangereuse, sa folie et son brouhaha de langues innombrables, car ce qui s'entasse là, jour après jour, n'a pas de nom ou souffre d'en avoir trop. Déchets, rebuts, détritus, immondices, ordures. Cela prolifère, se multiplie, dégénère.

De fait, la production d'ordures est en expansion constante, les incinérateurs se heurtent à la méfiance populaire ; les unes après les autres, les décharges new-yorkaises arrivent à épuisement de leur capacité. En 1987 ne reste que Fresh Kills qui, à son pic de production, traite 29 000 tonnes d'ordures par jour. La puanteur est si forte que, dans le parking du centre commercial, juste en face de la décharge, les gens sortent en courant de leur voiture pour aller faire les courses. Combien de temps cela durera-t-il encore ? Combien de temps faudra-t-il supporter les nuisances, le mépris ? Staten Island, *borough* le plus rural, le plus conservateur, celui qu'on surnomme « l'arrondissement oublié », est connu pour deux choses désormais : son petit ferry pittoresque, qui fait plusieurs fois par jour la liaison avec Manhattan, et sa décharge démesurée, survolée d'une incessante nuée de mouettes.

Elle sera un temps la plus grande décharge à ciel ouvert du monde, visible, dit-on, depuis l'espace, à l'instar de la muraille de Chine. Aux associations de citoyens excédés s'allient les groupes de pression de promoteurs immobiliers, non moins mécontents, eux qui auraient tiré grand profit du parc ou du terrain de golf promis et espéré en 1948 – mais qui veut vivre aux abords d'une décharge ? L'arrondissement menace de faire sécession, et, au cours des années 90, la décharge devient plus que jamais un problème politique, comme le détaille l'historien Martin V. Melosi dans le livre qu'il consacre à Fresh Kills. C'est sous le mandat du maire Giuliani, élu en 1993 et qui sait le rôle-clé des voix de Staten Island pour les Républicains, que tombera finalement, en 1996, la décision tant attendue : la décharge, The Dump, sera fermée.

Fermée, certes, mais il faut des solutions. Quelque 29 000 tonnes d'ordures par jour – qui en veut ? Personne, naturellement ; pourtant, il faut bien les stocker quelque part. Si la décharge disparaît, le flux de déchets n'en tarit pas pour autant. Il faudra trouver un endroit. Un maire qui accepte le colis, une commune qui se laisse convaincre. Une décharge, somme toute, crée des emplois – ce n'est pas nécessairement une contrepartie négligeable. À la suite de longues négociations, une solution se dessine enfin : la Caroline du Sud. Si les choses suivent leur cours, bientôt plus personne à New York n'aura à souffrir des ordures new-yorkaises. Mars 2001, promesse tenue, le contenu de la toute dernière barge est déversé dans la décharge. Puis, on commence le processus de fermeture, de traitement, de transformation.

Mais en septembre, par temps clair, les tours jumelles du World Trade Center s'effondrent. C'est une attaque, une tragédie, et plus encore, dans l'immédiat, c'est une urgence : il faut déblayer ces tonnes de gravats, de poussière, auxquelles se mêlent les restes des victimes. Fresh Kills rouvre donc pour quelques mois, et les équipes sanitaires de la ville travaillent jour et nuit, sans relâche, avec un dévouement exemplaire, qui pourtant suscite peu de reconnaissance. En effet, l'idée même semble scandaleuse : que les restes humains, de ceux qui ont été assassinés, demeurent là, à tout jamais captifs de la décharge.

Au moment même où se décide la fermeture de Fresh Kills, on lance un appel de projets pour l'avenir du site, sa réhabilitation. Le bureau d'urbanisme qui remporte l'appel propose une vision ambitieuse et réconciliatrice : Fresh Kills sera un parc ouvert au public, que l'on pourra tout à la fois distraire et éduquer en le sensibilisant à la question environnementale. Des milles et des milles de chemins de randonnée, des observatoires naturels, une eau bleue et pure parcourue aux beaux jours par des canoteurs. La transformation, qui n'a jamais été tentée pour un site de cette ampleur et qui relève de la prouesse technologique, montrera qu'il nous est possible, désormais, de « recycler la terre ». Ce que promet ce projet de haut vol, c'est la restauration de l'idylle, avec la valeur ajoutée de l'expérience.

Une décharge qui ferme cesse-t-elle vraiment d'être une décharge ? Une fois scellée, recouverte d'une herbe qui bientôt reverdira chaque printemps, devient-elle un parc ? C'est en tout cas le nom qu'elle est destinée à porter : Freshkills Park.

Pourtant, H.B., qui garde le souvenir de son enfance champêtre, reste sur la réserve : « Je ne sais pas s'ils vont faire ce qu'ils disent qu'ils vont faire, et pour les générations à venir, qui n'ont pas connu la décharge, c'est sans doute une bonne chose, mais, pour moi, ce sera toujours "La décharge". »

*Il y aurait les centres-villes, propres, rutilants même. Et il y aurait, aux marges, les décharges. Hétérotopies, à l'instar du cimetière, lieux d'une vacance, destinés à rien sinon à la relégation de ce qu'on ne veut pas voir ni prendre en considération. Évidemment, ce sont les plus pauvres, les moins respectés, les déclassés, les inadaptés qui vivent dans ces zones. Aux marges de la ville, les déchets avec les déchets, comme le rappelle Foucault dans son* Histoire de la folie. *Entre les fous et les indésirables, les oisifs et les délinquants, et les déchets qu'il faut exclure de l'espace urbain, s'opère, dans la pensée administrative, une équivalence sans subtilité. « En 1532, le Parlement de Paris "avait décidé de faire arrêter les mendiants et de les contraindre à travailler dans les égouts de la ville, attachés, deux à deux, par des chaînes" […] Deux ans plus tard, "ordre est donné aux pauvres écoliers et indigents de sortir de la ville". »*

*On aurait tort, pourtant, de croire que cette superposition entre déchets urbains et rebuts sociaux, hélas bien souvent confirmée dans les représentations et les discours, se vérifie aussi dans l'organisation de l'espace urbain. Le réel, celui qu'explorent les géographes, se nuance sous leur regard. Comme le rappelle Bénédicte Florin, spécialiste des déchets en Méditerranée, les « marges urbaines » en tant que telles ne sont pas homogènes. On découvre des décharges en centre-ville et, comme chacun sait, des zones résidentielles aisées en périphérie – mais aussi des voisinages inattendus, comme l'apprennent à leurs dépens les propriétaires de ces appartements luxueux, en périphérie du Caire, qui pensaient avoir une vue imprenable sur un terrain de golf vallonné, ignorant qu'au fond de la cuvette subsiste une décharge dont les effluves (ceux de leurs propres ordures), portés par le vent, franchiront sans vergogne les hauts murs de leur quartier protégé.*

ALLÉGEANCE

Il y eut les nuits sans sommeil qui ont précédé le départ, ces nuits où me revenaient en boucle des images de Freshkills Park, simulations de synthèse aux couleurs saturées, et cet effort pour comprendre, avant de le voir, ce qui avait lieu à Staten Island. Je cherchais une clé et j'espérais que la visite à laquelle j'allais participer me livrerait Freshkills et ses secrets, mettrait fin à ma fascination, à mon travail aussi. Des journées passées à la bibliothèque, le nez plongé dans l'ouvrage pionnier d'Ambroise Tardieu (*Voiries et cimetières*, 1852), dans celui d'Antoine Joulot (*Les Ordures ménagères*, 1946), ardent défenseur de l'incinérateur, ou dans celui d'Alain Damien (2010), destiné aux ingénieurs gestionnaires, aux urbanistes, je garde la sensation gluante d'une traversée de la décharge, une décharge désincarnée, décharge de mots et d'idées. Comment résister, pourtant, au charme austère de l'incipit d'Ambroise Tardieu, qui incarne si parfaitement les préoccupations et la bienséance de son siècle finissant, l'assurance d'une morale hygiéniste qui n'en était qu'à ses balbutiements ?

> Dans toute agglomération d'hommes, les besoins les plus impérieux de la vie donnent naissance à une quantité de produits en décomposition, immondes ou excrémentitiels, dont toute société policée doit chercher à se débarrasser, non seulement dans l'intérêt de la propreté et de la salubrité des villes, mais certainement aussi *par une sorte de respect de soi-même qui porte l'homme à éloigner de lui les corps privés de vie et les objets immondes* ou infects qui sont de nature à offenser les sens ou la pensée. Aussi ce qu'il y aurait en apparence de plus souhaitable serait d'arriver à faire disparaître complètement ces différentes matières.

Puis vinrent le départ, le vol, le passage à l'acte.

Ce fut un voyage comme halluciné, qui avait la clarté d'un rêve lucide.

Je dois me délester, durant la longue attente qui précède l'entrée sur le territoire, de toutes les images, de tous les clichés. Il est facile d'intérioriser les soupçons pesant sur ceux qui prétendent fouler le sol américain, et une sorte d'angoisse s'empare de moi au passage de la frontière : à en croire les *spots* diffusés en boucle dans la zone de transit, il y a tant de maladies dont je suis peut-être porteuse, tant d'infections que je pourrais propager. Suis-je bien sûre que ma valise ne contient rien de suspect, rien de dangereux, qui puisse nuire à la santé, à la sécurité de ce grand pays ? Aucune saucisse frelatée, aucun fruit tropical contaminé de germes exotiques qui auraient tôt fait de se répandre, entraînant sur le sol américain une épidémie sans précédent ne laissant entrevoir aucune guérison possible ?

Et lorsqu'on cherchera la première faille, le patient zéro, c'est sur moi qu'on tombera. C'est mon nom qui restera dans les mémoires, irrémédiablement associé à cette banane noircie, mordue à moitié et pourrissant déjà sans doute, que j'ai gardée au fond de mon sac au lieu de la jeter ici, dans la zone tampon, avant de passer la frontière. Je me réjouis vaguement, sourire en coin, à l'idée qu'une demi-banane puisse causer la fin d'une nation, la chute d'un empire, et aussitôt je me reprends. Cela ressemble davantage à un scénario de film de série Z (*The Fatal Banana*) qu'à un risque plausible. Puis je porte de nouveau mes yeux sur les écrans de télévision où s'affiche, en lettres noires, l'avertissement

*Don't pack a pest!* et où de petits chiens perspicaces reniflent les valises entrantes pour y détecter toute anomalie.

C'est enfin mon tour. D'une voix tremblante, sans conviction, j'annonce à l'officier la raison de mon voyage : tourisme.

En était-ce, du tourisme ? J'étais venue me confronter à un lieu que je ne parvenais pas à penser. J'étais en quête d'une image plus vraie que ne l'étaient celles du site Internet, les seules auxquelles j'avais accès, mêlant des prises de vue de la transformation en cours à des panoramas aux couleurs saturées, simulations de ce que deviendrait Freshkills un jour, où n'étaient pas oubliées les petites silhouettes des marcheurs, perdues ici et là dans l'immense paysage virtuel d'un futur pas encore advenu.

Je crois pourtant que je n'aurais jamais entrepris ce bref séjour si je n'étais pas à la poursuite d'autre chose. Ce que je veux, en réalité, au moment où je franchis la douane, c'est voir Fresh Kills. Voir la décharge. Je veux contempler de mes yeux le spectacle qui s'impose à Brian dans *Outremonde* et l'initie à l'envers de notre réalité – je veux passer de l'autre côté du monde, c'est-à-dire de l'autre côté du livre.

D'ailleurs, ce sont des romans qui m'accompagnent au cours de cette petite semaine new-yorkaise : la gouaille rageuse de Jakob Bronsky dans *Fuck America,* l'Amérique indéchiffrable que traverse Karl Rossmann dans *Amerika ou le Disparu* de Kafka, et avec eux, l'ombre des exilés célèbres ou anonymes qui, fuyant la pauvreté ou la guerre, ont cherché refuge à New York durant le siècle passé.

J'imagine que, venant d'Europe, on ne peut dans une telle ville que rester étranger, et attendre : quand prendra-t-elle fin, cette plaisanterie mauvaise, quand nous réveillerons-nous de ce rêve pour lequel nous ne sommes pas faits ? Je les vois, mes héros, dans ce monde trop neuf, absurde et bousculé, hypocrite, impitoyable, et il ne me vient pas un seul instant à l'idée que je pourrais passer les vingt-quatre heures qui me séparent de Freshkills à profiter des offres culturelles et récréatives foisonnantes de Manhattan. Bref, je ne suis pas venue ici pour m'amuser, « New York, New York » n'est pas mon refrain, et si je passe la nuit les yeux ouverts, ce n'est pas parce que la ville « ne dort jamais », mais à cause du décalage horaire.

Éveillée à l'aube, d'humeur pâteuse, j'entreprends sans but défini une longue marche depuis Washington Heights, où je loge, vers le sud, aussi loin qu'il me sera permis d'aller – en prévoyant quelques arrêts en librairie pour compléter ma bibliographie. Je veux surtout éprouver la présence de mon corps ici et maintenant, me laisser imprégner par cette ville, son rythme, son phrasé. Je veux entrer dans le réel.

*

Il en va de la fiction comme du désir : lorsqu'on approche enfin de l'objet convoité, ou imaginé, rien ne garantit que la rencontre aura vraiment lieu. On court toujours le risque que l'image de l'objet désiré fasse écran à l'objet lui-même. Et que serait « l'objet lui-même » ? Comment saisir, comment nommer seulement ce qui se défait, se consume, ce qui ontologiquement a cessé de se correspondre ?

Le déchet (défini en France par la loi de 1975 comme « tout résidu d'un processus de production, de transformation ou d'utilisation, toute substance, matériau, produit ou plus généralement, tout bien meuble abandonné ou que son détenteur destine à l'abandon ») est une bribe, une « chute » : ce qui reste du matériau découpé, tissu, chair, de moindre valeur, mais dont on pourrait encore avoir l'utilité et qui n'est pas nécessairement impropre à la consommation. Pourtant, malgré les mots multiples, qui d'ailleurs d'une langue à une autre ne se traduisent qu'imparfaitement, persiste l'impression qu'aucun ne convient. Comme si le déchet, l'ordure (qui n'a rien à voir avec l'ordre, mais avec l'horrible, *horridus,* si terrible qu'on en frissonne), à l'instar du cadavre, devait demeurer « un je ne sais quoi qui n'a plus de nom dans aucune langue » (Bossuet). Et si le terme même d'« immondices » nous signalait en fait que le déchet, la souillure qu'il porte, est constitutivement étranger à notre monde ? Les noms du déchet, dans leur multiplicité et leur polysémie, nous diraient que l'ordure en tant que telle ne peut être nommée « proprement », avec exactitude : aucun mot ne correspondrait précisément à une réalité que nous répugnons à penser, celle de la chose jadis intègre qui se défait, se mêle, retrouve peu à peu le chaos, premier et dernier, sans encore s'y anéantir.

Par association d'idées surgit un autre mot : « épave ».

On ne sait pas quand commence la déchéance, mais elle commence avant qu'on soit bons à jeter (le management parle d'un « processus d'amélioration continue » qui contredit, dans son essence, celui de déréliction progressive auquel nous sommes soumis). Même dans un monde, le nôtre, où tout ce qui manifeste le moindre défaut, la première marque d'obsolescence, est aussitôt soustrait à notre vue, remplacé par du neuf, il y a toujours des gens pour nous rappeler que nous portons en nous dès la naissance le germe du déchet que nous devenons peu à peu – et ce n'est pas grave, en réalité, mais simplement cruel et parfois beau. D'ailleurs, comment diable désirer un homme à la peau lisse, à l'haleine toujours fraîche, au corps impeccablement musclé, lorsque la seule pensée de la peau suintante de Bukowski, de sa bedaine un peu triste, appelle la tendresse ? J'ignore ce qu'il en est dans les autres langues que la mienne, mais le dictionnaire étymologique m'apprend qu'en latin, la langue mère, *mundus,* monde, et *mundus,* propre, sont un seul et même mot. Seul ce qui est propre et ordonné fait monde. C'est implacable, et la seule issue : échapper au langage, ou parler autrement.

\*

J'avance dans la chaleur étouffante, entrecoupée d'orages, de ce mois de juin. Une brume persistante est descendue sur nous, qui ne semble pas devoir se lever. Je considère la ville en son métabolisme, comme source première de tous les déchets qui, des années durant, alimentèrent Fresh Kills et qu'on emporte désormais vers d'autres lieux. Tout ce qui touche aux poubelles attire mon attention et je repère, d'un quartier à un autre, les prises en charge qui varient, les logos, les uniformes différents pour les cantonniers, qui vident en plein jour et à grande fréquence les poubelles des rues et balaient le trottoir. À plusieurs reprises, je photographie les sacs pleins qui, devant les cafés, jonchent les trottoirs, les quelques camions de collecte qui filent à vive allure. Il y a aussi les récupérateurs, qui travaillent seuls, avec un chariot, et qui ramassent surtout les petites bouteilles d'eau vides pour les réunir dans de grands sacs en plastique.

Dans le métro, où je finis par échouer, les affiches indiquent aux usagers les comportements corrects et les comportements incorrects : le métro n'est pas un wagon-restaurant, laissez votre siège aux personnes âgées, aux handicapés et aux femmes enceintes, et ajoutez un sourire ! Ne laissez pas vos détritus derrière vous. Saviez-vous que les détritus ont causé en 2013 1 053 feux sur les voies et 652 retards ? Mettez vos détritus (*litter*) dans les poubelles (*trash cans*) prévues à cet effet. Vous contribuerez à la propreté du métro et éviterez de déclencher des feux sur les voies. *Trash is a problem – or not.* Mille autres détails me paraissent significatifs, sous l'effet, peut-être, du manque de sommeil, qui encourage une frénésie interprétative – ou bien parce qu'ils le sont effectivement. Ici, les gens se déplacent différemment, leurs corps sont dynamiques, ils ne s'arrêtent pas. Ils manifestent aussi une certaine rigidité, ou du moins un « contrôle », car même les mouvements les plus fluides, les ondulations, les élasticités, semblent parfaitement maîtrisés, ne laissant place à aucune hésitation, à aucune négligence, à aucun laisser-aller. Il vous faudrait des années pour pouvoir marcher comme ça sans y penser. Impossible de vous arrêter au milieu de la rue parce que quelque chose a attiré votre regard ou parce qu'une pensée particulière a ralenti votre marche au point de vous immobiliser. Ici, personne ne fait ça. Personne ne cesse de marcher sans raison apparente.

Parmi les photos que je n'ai pas prises aujourd'hui : un homme endormi sur une chaise de bureau, sur le trottoir, deux grands sacs poubelles noirs posés à côté de lui. L'image n'aurait rien dit de plus que ce qu'hélas nous savons déjà : d'un côté ceux qui avancent, et de l'autre le bord du trottoir. Entre le bon et le mauvais côté, la frontière est parfois floue, car l'espace urbain n'est pas homogène. Cependant, même ceux qui, comme moi, s'attardent un instant pour regarder les sacs poubelles et l'homme endormi savent exactement que cette frontière ne se franchit pas aisément. Et si je parle ici de cette photo que je n'ai pas prise, c'est moins pour évoquer l'homme aux poubelles, illustrant la proximité spatiale qu'on constate presque toujours entre déchets et déclassés, que pour poser le problème – que je ne résous pas – du regard porté sur « l'autre côté ».

De retour à l'appartement, j'entreprends la lecture de *Picking Up*, de l'anthropologue Robin Nagle, trouvé le jour même dans une librairie proche de Columbia :

> Les décharges sont constituées d'objets jadis distincts et désormais réduits en une bouillie qui, sans discrimination, les regroupe tous sous la catégorie appelée « ordure ». Des choses qui n'auraient jamais dû se rencontrer sont déversées et avalées, vont suinter et se fondre ; leurs identités propres seront effacées. Une telle transformation – ou transsubstantiation ? – suggère qu'en dépit des apparences, le monde physique est éphémère. Si nous ignorons la décharge, nous pouvons plus facilement ignorer ce fait simple et glaçant : rien ne dure.

Mais la fatigue l'emporte, et je finis par m'affaler devant la télévision. De chaîne en chaîne, des publicités : celles qui illustrent par l'image les bienfaits d'un médicament, mais énoncent en voix *off*, et sans omission, tous les effets secondaires (parmi lesquels on trouve plus souvent qu'à son tour, outre nausées, malaises, vertiges et vomissements, un risque de mort subite), celles qui vendent tout et n'importe quoi, tout de suite, avec offre à saisir absolument. Juste avant d'éteindre, un correcteur de teint révolutionnaire promet à chacune de devenir «une meilleure version d'elle-même». C'est une promesse alléchante et je me couche avec ces mots : *a better version of myself.*

\*

Il faudrait abandonner toute crispation. Se laisser porter sur la pente sinon facile, du moins naturelle, de l'autopromotion et de la réussite. Je pense à la bravoure et à l'abnégation, à ces corps fermes, sans aspérités, ces corps que l'on acquiert au prix de grands efforts, à cette peau sans accrocs, qui ne connaît aucun outrage. Je pense aux cheveux brillants, ondulés quand ils sont trop raides et lissés quand ils sont crépus, je pense aux «magnifieurs de boucles», aux peaux «visiblement plus jeunes et comme régénérées de l'intérieur», aux rouges «repulpants» et aux vernis qui «subliment» nos ongles. Je ne pense ni aux visages ni aux sourires, mais à ces problèmes qu'il faut résoudre : les ongles, les cheveux, la peau – comme s'il n'y avait personne dedans, personne derrière.

Me revient alors à l'esprit un autre voyage, à Vienne, il y a quelques années, et ma conversation avec cet homme très âgé, ce libraire à qui je m'adresse sans vraiment espérer qu'il puisse m'aider. Je cherche, comme désormais partout où je vais, un livre qui m'éclairerait, qui parlerait des déchets, des décharges, des ordures. L'homme me jette le regard de celui qui ne comprend pas. Je reprends, hésitante et un peu laborieuse. Il a toujours l'air perplexe, mais ce n'est pas mon sujet qui le surprend – c'est la coïncidence. Il est rare de croiser quelqu'un dont on partage les marottes ; or lui-même, me dit-il, est fasciné par les décharges. Il photographie des dépôts d'ordures et, plus précisément, la manière dont la nature revient, les premières herbes qui y repoussent. Il me confie qu'il y a dans la décharge une beauté qu'il ne trouve nulle part ailleurs, et naturellement pas au supermarché – étant entendu que l'une est l'envers de l'autre. Dans un supermarché, il ne se passe rien, dit-il, alors que la décharge dégage « cette aura de négativité ».

Lorsque la marchandise a cessé d'être marchandise, lorsqu'elle a perdu toute valeur, que reste-t-il d'elle ? Son éclat, sa nouveauté et le désir qu'elle a su faire naître en nous abîmés, subsistent, je le crois aussi, sous le signe du négatif. Même hors d'usage, incomplète, réduite à un fragment de ce qu'elle fut et privée de son nom, la chose conserve son aura. Là où tout s'achève rôdent encore les fantômes de la convoitise et de la jouissance, ceux d'une consommation insouciante et effrénée, et s'exhibe la vanité de ce qui eut de la valeur et s'en trouve désormais dépourvu.

*Cette fatigue... Ne plus savoir où sont rangées les choses, ne pas aller au bout du geste. Et un soir, un verre de vin rouge à la main, devant la télévision dont le volume est bas, j'entends comme un bourdonnement, un appareil électrique qui serait resté branché, une lampe qui grésille ou une abeille coincée dans l'abat-jour ; il y en a déjà eu. J'éteins la télévision, vérifie l'abat-jour. Il n'y a pas d'abeille ; pourtant, le son est de plus en plus distinct. Je ne parviens pas à le localiser nettement, mais je me rappelle peu à peu que, ces derniers jours, dans la fatigue – toujours quelque chose à faire –, dans les rares moments de calme, j'ai perçu un bourdonnement en sourdine comme celui-ci, maintenant, et qui m'inquiète parce que cela commence à ressembler à quelque chose d'animal et non d'électrique, à un insecte furieux. Il n'est pas tard, mais la fatigue est là, de plus en plus pesante, et je dois bien reconnaître* que je n'ai pas toujours les idées claires. L'angoisse monte vite et redescend lentement, j'oublie sans cesse des choses, je ne vais pas au bout du geste, je ressasse sans fin les mêmes idées, ne trouve plus le sommeil sans aide, un verre de vin ou davantage, et toujours l'épuisement qui me cueille alors que je ne suis plus lucide depuis longtemps. Maintenant, j'erre dans le salon, l'oreille tendue, lorsque soudain je me rappelle, juste avant de l'apercevoir, qu'il y avait là, dans le coin de la porte, un sac plastique. De ceux que je pose parfois là, exactement, pour ne pas oublier de les descendre avant que la poubelle ne soit pleine, parce que je ne veux pas attendre que la poubelle soit pleine pour me débarrasser de ce qu'ils contiennent, mais dans le désordre, les choses se déplacent, on peut pousser les chaussures pour faire un peu de place, la porte, on n'arrive même plus à l'ouvrir complètement, et il n'est pas impossible – je sais déjà ce qui a eu lieu, j'ai dû le voir sans le voir, chaque jour depuis qu'il est là – que le sac plastique se soit un peu déplacé, qu'il soit un peu plus loin de la porte, dans cette zone indéterminée qui doit être rangée depuis plusieurs semaines déjà, ou depuis plusieurs mois, à gauche du meuble de l'entrée, tout contre le mur. Depuis combien de temps, au juste? Je ne sais pas si c'est une mouche furieuse ou un essaim et il me faudra ramasser le sac, tout agité de *l'intérieur, détourner le visage pour ne pas sentir la puanteur, espérer qu'il n'ait pas coulé puis constater qu'il a coulé, le mettre dans un autre sac, descendre les étages et toujours éviter de penser à ce qui a eu lieu, à l'intérieur de ce sac, depuis que je l'ai oublié là, contre la porte, contre le mur, dans ce recoin de l'appartement où il s'est mis à bourdonner.*

# FRESHKILLS PARK TOUR

J'ai donc traversé l'océan pour savoir ce que l'on ressent lorsqu'on a, sous ses pieds, plusieurs décennies de déchets, autour de soi, une nature en reconstruction, et en face, Manhattan.

Lorsque j'ai entendu parler pour la première fois de la réhabilitation du site de Fresh Kills, j'ai eu peine à croire qu'elle était seulement possible. Et je ne pensais même pas, alors, au défi technologique qu'une telle reconversion représentait, mais plutôt à l'effort qu'on exigeait de tous ceux qui avaient vécu aux portes de la décharge : on attendait à présent qu'ils changent de regard, transforment eux-mêmes leur perception du lieu. La phrase de H.B., « mais pour moi ce sera toujours la décharge », illustrait toutes les résistances auxquelles une telle entreprise ne pouvait que se heurter. On stocke des déchets pendant plusieurs décennies dans un espace donné qu'on détruit de manière irrémédiable, on pourrit littéralement la vie des gens du voisinage, dans l'indifférence, l'ignorance la plus complète de tout le reste de la population, puis, du jour au lendemain, on leur propose un joli parc qui effacerait l'outrage ? Freshkills était l'incarnation d'un mensonge, d'une farce destinée à faire oublier, aussi, que la fermeture d'une décharge ne règle jamais le problème de stockage des déchets, mais simplement le repousse.

La décharge n'est plus, vive le parc.

Pour marquer ce passage, on rebaptise le lieu. Fresh Kills devient Freshkills. L'orthographe du site a été légèrement modifiée, *Kills* directement accolé à *Fresh*. On ôte une espace, on imagine un nouveau départ. L'accent tonique se déplace de *Kills*, dans le premier cas, avec son aura de massacre, à *Fresh*, dans le second – sans que *Kills*, ce terme si distinctif de Staten Island, disparaisse cependant complètement. Son impact s'en trouve juste atténué. Le parc aurait tout simplement pu porter un autre nom, mais ce choix *a minima* – on ôte l'espace pour former un seul mot – s'inscrit bien dans la logique de continuité et de rupture qui anime l'entreprise de réhabilitation. E., qui n'avait jamais entendu parler de la décharge ni du parc, bien qu'elle vive à New York depuis plus de dix ans, s'étonne de ces deux termes. Lorsque je lui demande ce qu'évoque « Fresh Kills » à son oreille, elle répond : *freshly slaughtered animals*. Les abattoirs, la viande fraîche des bêtes assassinées.

Naturellement, le site Internet de l'Alliance, l'association qui parraine et promeut la transformation de Fresh Kills, avec son slogan, « Recycler la terre, révéler l'avenir », teinté d'un messianisme dénué de toute ironie, ne faisait que renforcer mon scepticisme premier à l'égard de cette réhabilitation. Personne n'accorderait le moindre crédit à une telle supercherie. Sans parler de l'éventuelle toxicité du lieu, des secrets honteux qui devaient dormir sous ces tonnes de déchets, de la question délicate, douloureuse, des restes que la décharge avait, dans l'urgence, dû recueillir après le 11 septembre. Il y avait là, à l'œuvre, la construction d'un récit de rédemption, et ce ne pouvait être rien d'autre qu'un récit creux, une opération de publicité à long terme qui, si elle réussissait, aurait du moins pour bénéfice de transformer Staten Island en nouvelle manne immobilière une fois la récupération du site achevée.

Pourtant, lorsque, ce petit matin de juin, je me rends à la visite guidée du parc à laquelle la directrice de l'Alliance a accepté de me laisser participer, j'ai renoncé à tout scepticisme, effacé tout jugement. Je suis ici pour voir, pour écouter, pour tenter de comprendre. À la sortie du métro, d'immenses lettres argentées brillent dans la lumière. Je reconnais le mot « Staten », en reculant un peu, « Island », en reculant d'un pas encore, « Ferry ». C'est une enseigne grandiose.

Le petit bateau orange aux lettres bleues quitte le quai ; tandis que nous nous éloignons de Manhattan, l'eau scintille, et au loin étincellent les pare-brise des voitures coincées dans un embouteillage. Tout est parfaitement clair et calme, il souffle un vent frais, d'une douceur marine, qui rappelle davantage l'odeur d'une plage que celle d'un grand port. Je suis assise au soleil. Mon regard se porte soudain sur un pont immense, aux lignes courbes et épurées, bleu, dans la distance. J'aperçois l'horizon.

Il est exactement 9 h 12 lorsque j'entre dans le terminal du ferry, côté Staten Island. Je repère vite le point d'information où M., ma guide, m'attendra dans un peu plus d'une heure. Autour de moi, des bribes de conversation, la diction à la fois traînante et rythmée d'un couple sur un banc, le ton haut perché de trois lycéennes qui vont à New York visiter leur future fac. Tout est paisible ici.

J'ai griffonné dans mon carnet quelques questions et j'attends l'heure du rendez-vous en bas des marches qui montent vers la station de bus lorsqu'un homme dévale soudain l'escalier à toute vitesse, perd l'équilibre, chute en avant, s'étend de tout son long sur le sol lisse, lâche son gobelet de café et reste à terre inerte, à quelques pas de moi. Il grimace, ses bras et ses jambes sont recouverts de tatouages, sa tête, très longue, est rasée. Déjà quelqu'un accourt vers lui, lui tend la main, lui demande si tout va bien. Je n'ai pas réagi. L'homme se relève difficilement, une mauvaise chute, mais rien de grave, il ramasse son gobelet presque vide, maugrée, se dirige à grands pas désarticulés vers la sortie, silhouette nerveuse au corps anguleux. Il me frôle presque en chemin, je ne bouge absolument pas, tourne seulement la tête pour le suivre du regard ; j'aperçois alors, à quelques mètres, au-dessus d'une poubelle, un autre visage, étrange, deux yeux très bleus au terrible strabisme divergent. L'homme a plusieurs sacs autour de lui, il s'apprête à plonger dans la poubelle, mais s'interrompt. Je m'éloigne de plusieurs pas, et il poursuit son mouvement vers le fond de la poubelle, en sort quelque chose qu'il place dans l'un de ses sacs, puis se dirige vers l'autre réservoir. Une jeune femme en uniforme kaki vient à ma rencontre, le visage ouvert et avenant, et se présente : c'est M.

Elle est souriante et professionnelle, m'indique d'emblée qu'elle ne pourra répondre à aucune interview, mais que je peux appeler A. si j'ai des questions précises à poser. Je dois visiter le parc avec un petit groupe d'étudiants en design de la New School qui arrivent bientôt, menés par leur enseignante en « management durable ».

Nous montons à bord de la petite camionnette blanche qui nous attend dans le parking ; le parc est à l'autre bout de l'île. Nous traversons des quartiers de petites maisons alignées qui n'ont rien de propret et qui rappellent les décors de certains films, les villes perdues où rien ne se passe, mais où tout peut arriver. Après nous avoir fait signer une décharge de responsabilité pour tout accident qui surviendrait sur le site, M. nous distribue deux prospectus et nous explique ce que nous allons voir : le mont ouest pour commencer, puis le mont sud, enfin le mont nord. Elle dit parfois « mont », parfois « parc », mais sur la carte, c'est le mot « parc » qui est utilisé. La terminologie en monts correspond à celle de la décharge, puisque jadis s'élevaient ici, à l'air libre, quatre montagnes de déchets.

Nous avons quitté la route et circulons désormais sur un chemin couvert de gravier fin, gris foncé. Déjà, M. pointe le mont ouest, qui est à moitié recouvert d'une membrane de plastique noir et à moitié d'un sol brun, qui rappelle la couleur de l'herbe après la fonte des neiges. Cette couche de plastique sur la partie gauche du mont (une petite colline, en fait) et cette couche de terre sur sa partie droite représentent la troisième, pour le plastique, et la première, pour la terre, des cinq épaisseurs superposées entre les déchets, tout au fond, et l'herbe, tout en haut, comme M. nous l'explique à notre premier arrêt. En cercle autour d'elle, nous écoutons son exposé, consacré à éclairer l'infrastructure du lieu, toute l'ingénierie mise en place pour garantir la sécurité, la propreté et la rentabilité du parc à long terme. Dans ce processus, les services sanitaires présents au temps de la décharge sont toujours très actifs et resteront d'ailleurs sur place encore trente ans après l'ouverture complète du parc au public, prévue pour 2036.

   M. demande à sept volontaires de venir mettre en scène le processus de «fermeture» (*capping*) de la décharge. À chacun des sept étudiants alignés, elle distribue un coussinet de tissu dont le motif correspond à une matière : tacheté et multicolore pour la couche de déchets, brun pour la première couche de sol, gris pour celle de gravier laissant s'échapper les gaz émanant des déchets en décomposition, noir pour la couche de plastique complètement étanche qui garantit qu'il n'y a aucun contact entre les déchets, en bas, et la verdure, en haut. Le coussinet gris clair représente la barrière de protection supplémentaire laissant passer les eaux de pluie qui glisseront sur la couche de plastique noir, puis qui seront recueillies dans des étangs artificiels et réutilisées dans l'infrastructure générale du parc. Viennent ensuite, en brun, le sol de plantation, riche en graines de plantes de toutes sortes, et tout au-dessus, en vert, le coussinet final, l'herbe fraîche, le renouveau. Les carrés de tissu passent de main en main, dans une atmosphère détendue. Quelqu'un les fait tomber, les ramasse, les remet dans l'ordre et les fait passer à son voisin. M. nous explique le processus de capture des gaz, méthane et dioxyde de carbone, elle nous parle aussi du lixiviat, ce liquide qui suinte des déchets en décomposition, recueilli, lui aussi, et traité sur place, tout comme les gaz, dans une installation d'épuration. L'eau qui sort de l'usine a été testée, elle est plus propre que celle de la rivière. Quant à la matière résiduelle, elle forme des « pains de lixiviat » dont on ne peut vraiment plus rien faire et qui sont donc exportés vers une autre décharge, en activité celle-ci, dans le New Jersey. Rien ne se perd, cependant, et le méthane, une fois purifié, est revendu et permet de chauffer pas moins de 22 000 foyers.

Nous sommes tous impressionnés par l'intelligence et l'efficacité des services sanitaires qui œuvrent ici et qui jouent, par ailleurs, un rôle essentiel à notre vie commune. M. dira, un peu plus tard, que c'est justement parce que le ramassage des ordures et leur traitement sont si bien huilés que personne n'y pense, que personne ne se rend compte de l'importance et de la parfaite efficacité du travail accompli.

Elle pointe aussi les petites installations à cheminées blanches et à tuyaux métalliques où sont traités les gaz quand l'infrastructure habituelle est soumise à des réparations. Outre ces tourelles, on distingue clairement des becs de gaz, sortes de robinets rouges qui sortent du sol et qui font également partie du traitement du méthane. Abstraction faite de ces éléments visuels (dont il est, naturellement, impossible de faire abstraction), rien ne distingue ce coin de nature d'un autre coin de nature. Au loin, on voit le New Jersey, une usine blanche et une installation de briques rouges. De l'autre côté, très proche de nous, un quartier d'habitation, des toits clairs les uns contre les autres. M. précise que ce quartier était déjà là du temps de la décharge, et elle insiste sur la nuisance que représentait Fresh Kills pour les habitants de Staten Island. Aujourd'hui, plus aucune odeur n'est perceptible.

J'ai cru détecter, à notre entrée dans le parc, comme une aura, un relent diffus, proche de celui qui s'échappe des canalisations lorsqu'on ouvre, pour la vider, la jauge placée sous l'évier de la cuisine. Cependant, je ne suis pas certaine d'avoir vraiment perçu cette odeur. Ou plutôt, je suis certaine de l'avoir sentie, mais je ne pourrais pas affirmer qu'elle était vraiment là, émanant du sol, et non de mon imagination.

Il n'y a aucun secret ici. Tout est parfaitement lisse et transparent. Le lieu surprend, force l'admiration peut-être, mais n'inquiète ni n'émerveille. Espace neutre, il ne laisse place à aucun fantasme, ne suscite aucune fascination. En cela, c'est exactement l'inverse d'une décharge. En cela aussi, la conversion est parfaitement réussie – même si elle n'a pas coupé court aux rumeurs.

À l'étudiant qui lui demande dans combien de temps le site sera parfaitement inerte et tous les déchets décomposés, M. répond qu'on ne le sait pas exactement, car on connaît seulement le temps que prend la décomposition à ciel ouvert ; or, ces déchets-ci sont privés d'oxygène. On estime néanmoins que la décomposition devrait prendre de trente à cinquante ans, durant lesquels la masse de rebuts sera réduite de 10 à 15 % – ce qui signifie que la décharge s'affaissera d'autant, mais sur une longue période, imperceptiblement. C'est justement pour cette raison, parce que l'infrastructure du parc est si complexe, mais aussi « délicate », que rien n'est construit sur ce terrain : ni école ni autres bâtiments publics, seulement ce parc, mis à la disposition des habitants de Staten Island, qui ont tant souffert au temps de la décharge.

Un beau jour, la couche de plastique étanche sera décomposée, les becs de gaz auront disparu, les tourelles blanches aussi. Ce parc sera le plus grand de New York, et l'on aura peine à imaginer l'histoire de sa transformation. Le bleu de l'eau sera aussi scintillant qu'aujourd'hui, le vert sera réel, l'air plus pur qu'à des milles à la ronde. Tout cela bruissera d'une vie intacte et franche, comme au premier jour. Il y aura un bonheur simple à être là, pique-niquer, courir, faire du vélo, pêcher peut-être, ou du moins pagayer longuement sur l'eau fraîche, un bonheur simple et presque inconcevable : cet écrin, ce calme, cette vie douce et sauvage, si près de la grande ville.

Les petites silhouettes de synthèse, les joggeurs en short, les familles souriantes que l'on voit aujourd'hui sur les images virtuelles du site feront place à de vrais gens, à des gens en chair et en os, dans un paysage bel et bien idyllique. On croisera parfois, les premiers temps, un drôle de petit robinet sorti de terre, et l'on verra encore au loin les installations blanches et leurs tuyaux sinueux. Puis eux aussi quitteront la place. On se souviendra de la décharge, sans doute, mais comme d'un passé lointain, si lointain qu'il ne concernera plus le lieu où l'on se trouve. Le mot « décharge » restera peut-être encore, pour un temps, incrusté dans les mémoires, mais l'on ne pensera plus aux ordures.

Tout se répare, désormais, et c'est là la seule consolation à tout le mal que l'on connaît. La terre blessée est infiniment résiliente, et la mémoire, plastique. La honte et la flétrissure s'effacent. Il suffit d'un peu de patience, et un beau jour, tout devient vrai : les oiseaux, les poissons, la végétation, la terre, même. Les seuls qui gardent, à leur insu, la marque de ce qui a eu lieu, ce sont les gens. Tout se répare et tout s'efface ; pourtant, rien ne disparaît. Il y a cette part en nous, impitoyable, qui se souvient. Et quand tout sera revenu à la normale, il n'est pas impossible que, sur les photos prises alors, les corps continuent de ressembler à ces silhouettes de synthèse, à ces sourires pixellisés, à ces couleurs et à ces surfaces sans intériorité, qui singent seulement une présence. Shorts blancs et familles heureuses, observateurs et cyclistes, tous porteront, sans le savoir, non le poids d'une faute, mais la trace d'un manque : une faille, un défaut d'être, qui trahit l'oubli.

Pour l'heure, la camionnette est repartie, et nous entamons la deuxième thématique prévue pour le circuit, celle des questions écologiques. Au cours du trajet, nous longeons la rivière de faible profondeur qui traverse le site, qui l'a toujours traversé, bien avant l'existence de la décharge, quand il n'y avait ici que marécages et vie sauvage. M. nous parle de biodiversité, de toutes les plantes qui sont replacées sur le site, des cent espèces d'oiseaux qui ont choisi d'y vivre. Des scientifiques viennent spécialement dans le parc pour étudier leurs habitudes de nidification. D'ailleurs, nous allons passer devant le poteau téléphonique où un balbuzard a fait son nid, le tout premier dans le parc. M. demande à Greg, le chauffeur de la camionnette, si c'est bien ici. Greg le lui confirme, c'est le bon poteau. M. s'exclame : « Le voilà ! » Et le voilà, effectivement, tout en haut du poteau, le bel oiseau.

Nous franchissons le pont qui relie la partie ouest du parc à sa partie est, et ici encore, tout en haut d'un poteau, un nid de balbuzards. On y distingue deux ombres, celle d'un oiseau adulte et celle d'un jeune dont la petite tête dépasse juste du nid. La camionnette s'arrête, et les étudiants sortent pour quelques photos. Juste avant, nous sommes passés devant un des étangs artificiels où les eaux de pluie sont recueillies et où cohabitent désormais poissons, hérons, tortues, mais à présent, c'est bien l'eau de la rivière qui serpente sous nos yeux ; herbes et joncs sont caressés par le vent. Les étudiants remontent dans la camionnette, et M. nous rappelle que, pour Robert Moses, Fresh Kills n'était qu'une « terre marécageuse infestée de moustiques », mais l'on sait bien, désormais, que les zones humides ont une utilité écologique réelle. Je me demande si le parc peut être, aujourd'hui encore, considéré comme une « zone humide ». Dans ce lointain avenir, où aucune trace visible ne demeurera du recyclage entrepris ici, le site sera-t-il redevenu « naturel », même dans ses couches profondes ? Et que signifiera alors le mot « naturel » ? La camionnette blanche s'arrête de nouveau, et nous descendons. M. évoque les partenariats établis avec une organisation qui aide à relocaliser ici les plantes qui s'y trouvaient originellement. Elle évoque aussi le problème posé par les phragmites, espèces végétales qui envahissent des zones entières et dont il est difficile de se débarrasser. De fait, on peut voir, sur le site Internet du parc, parmi les activités proposées aux visiteurs, une chasse aux phragmites pour la protection des espèces « natives ». Les chèvres s'acquittent aussi de cette tâche très efficacement. Parmi les autres projets présentés par M., celui d'une « pouponnière d'arbres », et puis, dans une zone qu'elle nous montre du doigt, une installation destinée au compostage, qui a été mis en place depuis peu dans certains quartiers de New York et qui devrait s'étendre idéalement à toute la ville. Juste à côté de la brune terre du compost, on distingue des wagons orange, des rails. Cette partie du site est consacrée à l'accueil des déchets de Staten Island, qui, compactés, sont désormais exportés vers la Caroline du Sud.

M. arrive à la dernière partie de sa présentation ; elle va bientôt dire ses toutes dernières phrases, puis nous retournerons au terminal du ferry. Aucune question vraiment désagréable n'a été posée. Aucun sourcil ne s'est levé quand il a été question des débris du 11 septembre déposés puis triés sur le mont ouest, du mémorial qui sera érigé pour rappeler le travail considérable réalisé durant plusieurs années par les agents sanitaires, la police, les volontaires. Un travail acharné, et proprement surhumain les premiers mois.

Par ailleurs, il existe à Staten Island une suspicion bien compréhensible à l'égard du projet, à l'égard du site lui-même, de la nature des déchets qu'il renferme. Contrairement aux autres décharges, qui ont fermé au fur et à mesure, Fresh Kills est restée en activité de 1948 à 2001, car elle s'est adaptée, au cours du temps, aux régulations successives.

Durant des décennies, ces déchets étaient de nature tant commerciale que résidentielle. Aujourd'hui, pour croire réellement que ce site puisse être sûr et sain, la plupart des habitants de Staten Island aurait besoin de le voir. M., qui a grandi ici, pense qu'il faudra beaucoup de temps pour effacer l'image négative de la décharge, mais, pour les enfants des écoles maternelles qui participent à des activités pédagogiques sur place, il n'y a pas d'image négative, seulement un lieu où on les sensibilise aux vertus du compostage et du recyclage, un parc qui ouvrira ses portes lorsqu'ils seront adultes et qu'ils se rappelleront avoir vu quand ils étaient tout petits.

Nous nous tenons en haut du mont nord, fermé depuis 1986, et qui sera ouvert au public prochainement. D'ici, la vue sur Manhattan est à couper le souffle. La ville apparaît voilée d'une fine brume, semble posée sur l'eau comme un trompe-l'œil, espace de projection de rêves et de fantasmes où personne ne peut vivre réellement. On entend les oiseaux chanter, et rien d'autre. Dans mon carnet, une dernière page de notes : *composting and recycling are important, educational, hope, methane & leachate : recycling the land > making something beneficial of it.*

Recycler la terre, en retirer un bénéfice. De fait, recycler n'a pas d'autre finalité. Ici, le bénéfice à court terme saute aux yeux : le méthane produit par la décharge est revendu – sans compter les intermédiaires – aux 22 000 foyers qui l'utilisent. À long terme, le projet initial de Robert Moses se réalisera. Les zones d'habitation jadis disgraciées vaudront un jour de l'or, et on finira peut-être même par installer un golf dans le parc de Freshkills.

Le groupe se disperse un peu. J'essaie de savoir ce que je ressens, ici et maintenant ; étrangement, je ne pense pas un instant aux tonnes de déchets enfouies sous mes pieds. Je constate que je ne ressens rien de particulier, qu'aucune idée précise ne me vient à l'esprit. Le seul mot dont je dispose pour décrire ce que me fait ce lieu, c'est « anesthésie ».

La visite touche à sa fin, et on entend un chant persistant, deux croches suivies d'un silence, répétés à intervalles réguliers. Je m'approche de Greg, le chauffeur de notre camionnette, expert en nids de balbuzards, et lui demande s'il connaît l'oiseau qu'on entend. Il me répond : « Des oiseaux, oui, des centaines d'espèces, il y a même des espèces rares, des aigles chauves (*bald eagles*), c'est très rare, les aigles chauves, très rare. » Le dictionnaire m'apprendra que le terme anglais *bald eagle* se dit en français « aigle à tête blanche ». C'est le fier oiseau dont les États-Unis ont fait leur emblème.

Au terminal du ferry, après la visite du parc, je retrouve par hasard M., et nous faisons la traversée ensemble. Elle me redit combien Staten Island a souffert de la décharge, elle me rappelle ce nom de *forgotten borough*, l'arrondissement oublié. Ce nom me reviendra le jour suivant lorsque, depuis le pont de Brooklyn, sous un ciel bas et lourd, derrière la statue de la Liberté, derrière l'île du gouverneur, je l'aperçois confusément, île perdue dans la brume, aux contours indistincts, plus irréelle encore que ne l'était Manhattan vu du sommet du mont nord. C'est pourtant une histoire qui ne laisse pas de place au rêve, une histoire de pauvreté, de ruralité méprisée, de recherche du profit. Sur le ferry, alors que nous parvenons maintenant à parler avec plus de spontanéité, M. me dit ce que représente Freshkills pour elle : la possibilité de tirer quelque chose de bon de tout cela, d'éduquer les enfants au recyclage et au compostage. Le parc est porteur d'espoir et de beauté – et puisque nous ne nous débarrasserons pas des décharges, puisque nous devons bien vivre avec elles, voilà le moyen de les recycler, et ce qui s'accomplit ici pourra servir d'exemple à d'autres. Elle parle d'« optimisme réaliste » avec une conviction qui emporterait presque mon adhésion. Je sais que, pour elle, Freshkills n'est pas une farce : c'est une chance. Son enthousiasme me touche, et en comparaison, ma vieille ironie européenne, mon « pessimisme idéaliste » font pâle figure. Pour comprendre réellement ce lieu, ne faudrait-il pas que je parvienne à le voir avec ses yeux à elle, qui le connaît depuis toujours ? Le soleil m'éblouit au sortir du ferry. Nous nous serrons la main en souriant, et je la remercie avec chaleur.

C'est seulement bien plus tard, des années après avoir vécu cet instant, cette forme d'épiphanie négative au sommet du mont nord, cette déception pauvre, quand j'attendais ici la clé de je ne sais quel mystère, c'est seulement après avoir creusé encore, inlassablement, la question du rapport entre nos lieux de vie et les lieux de relégation des déchets que je saisis enfin, pour moi, la nature de Freshkills. Ce n'est pas l'envers de notre monde, le miroir révélateur qu'en fait DeLillo dans *Outremonde*. Ce n'est pas simplement le lieu qui dénonce le simulacre de la ville propre, où se redouble, dans le processus de réhabilitation, le mensonge de la disparition des déchets.

Freshkills n'est pas une métaphore. C'est un épicentre. La grande négativité, le grand vide qui nous submerge, la vacuité, la vanité sans fin de nos existences protégées viennent de Freshkills et se propagent, comme une onde invisible, à l'infini, sur le territoire lisse et policé de la ville normalisée. Tout s'organise soudain et tout fait sens, comme une ligne, comme un fil rouge qui vient ceindre notre cou et serre : l'enfance quadrillée, surprotégée, domestiquée, l'exploitation d'une zone naturelle hybride, instable, impropre à tout, la destruction de toute vie sauvage, du braconnage et des flâneries sans but, la négation de l'ordure comme fragment organique, dynamique et en perpétuelle métamorphose, l'avènement d'un espace de loisir conforme, en attendant le retour des promoteurs, et la recréation simulée d'un paysage à l'identique, mais sans errance, sans déviance, sans liberté – cela fait sens, et même système.

Pourtant, qui sait ? Qui sait quels hôtes le parc finira par accueillir ? Il y a peut-être cette ressource, cet espoir infime : l'imagination, la fantaisie inattendue de quelques-uns, que n'intéressent ni l'observation des oiseaux sauvages, ni les promenades en kayak le dimanche en famille, ni les pique-niques entre amis. (Qui n'aime pas les pique-niques entre amis, avec cette vue imprenable sur Manhattan ? Qui voudrait manquer ça, quand le jour doucement décline, que le chant des oiseaux se fait un peu plus persistant et qu'on ressent, loin de tout, ce soulagement, cette détente, la juste dose de repos et de plaisir qui nous donnera la force de supporter le reste ?)

Quelques-uns, qui ne respectent rien, quelques-uns, des malpropres, viennent à la nuit tombée (ils vont se faire choper), franchissent les clôtures, disparaissent dans les herbes folles, et peu à peu – c'est une lutte occulte – inversent la tendance, affaiblissent l'onde négative, s'arrachent à l'apathie, sauvent le lieu de son enfer aseptisé. Ils se souviennent. Quelques-uns, à la nuit venue, quelques cris et quelques joies violentes ou calmes : s'allonger sur cette terre sans un bruit. S'allonger avec lenteur et rester là, le ciel étoilé au-dessus, un infini d'ordures en dessous. Comme encore elles bruissent et grouillent, comme encore le sol imperceptiblement remue, comme encore cela vit, dans la montagne monstrueuse.

*Je me couche le soir, assez tôt, quelques livres à mes côtés, dans mon lit, pour me tenir compagnie. Je m'endors assez vite, la lecture m'apaise. Et chaque nuit, invariablement, autour de 4 h, je m'éveille. Chaque nuit, une angoisse, une intranquillité, une soif que rien n'étanche. Je me relève et, depuis le salon aux fenêtres sans voile, j'aperçois un immeuble en feu. En feu, brûlant d'un éclat singulier, au loin, et sans fumée. C'est le dernier étage, toujours, une hallucination récurrente, à 4 h du matin. Je reste enracinée, au milieu du salon devant les hautes fenêtres, fascinée par la lumière si vive, au cœur de la nuit, dans l'attente que ce feu m'atteigne moi aussi. Le lendemain au petit déjeuner, les yeux clos encore de tant de fatigue, cramponnée à mon bol de café, je dirige mon premier regard vers l'immeuble, j'imagine sa carcasse noire, effondrée à moitié, j'essaie de ne pas penser aux enfants. Mais il se dresse là, dans la lumière cuivrée de l'aube, invariablement victorieux de sa flambée nocturne. Et j'échoue à dissiper, gorgée après gorgée, cette nausée vague et détestable : l'absence de tout soulagement.*

HANTISE

Au lendemain de ma visite du parc, je suis allée à Brooklyn. Je n'avais aucune idée de ce qu'était devenu Brooklyn ces dernières années et je ne m'attendais pas vraiment à surprendre ce photographe de mode en plein *shooting* ou ce garçon déhanché torse nu en pantalon kaki, en plein milieu de la rue, ni non plus à découvrir ce café rutilant où je trouve de petits biscuits aux couleurs pastel, si jolis qu'on a presque honte de les manger après les avoir soigneusement photographiés. Quoi qu'il en soit, en fin d'après-midi, je m'engage sur le pont de Brooklyn. J'ai déjà une longue journée de marche derrière moi, mais il ne me reste plus que quelques jours avant de repartir, et je n'ai pas encore vu le sud de Manhattan, *Ground Zero,* la tour du Mémorial. Sur le pont de Brooklyn, je croise surtout des touristes qui se prennent en photo, tandis que j'avance à vive allure pour ne laisser aucune prise à la fatigue grandissante et au vertige. Freshkills me revient à l'esprit, comme si c'était une autre qui, hier, avait visité le parc. Je ralentis le pas, perdue dans mes pensées, finis par m'arrêter, regarde autour de moi et soudain je la vois, bande brumeuse posée sur l'eau, presque imperceptible, au loin : l'île. Apercevait-on les mouettes, d'ici, tournoyant au-dessus de la décharge lorsqu'elle fonctionnait à plein régime, que plusieurs tonnes d'ordures étaient traitées quotidiennement ? Dans ce lointain grisé, l'île paraît hors d'atteinte. Cependant, ou justement pour cette raison, je m'applique à la photographier. En réalité, c'est une autre image que je cherche à saisir : les quatre monts de Fresh Kills avec, à leurs abords, modestes, insignifiantes, les maisons aux toits blancs, leur petite cour devant, leur jardinet derrière. C'est d'abord pour leurs habitants, nous dit-on, que Freshkills existe. La ville offre un parc à tous ceux qui ont subi la décharge.

Faut-il accepter sans regimber les cadeaux empoisonnés de ceux qui nous ont méprisés, de ceux qui nous méprisent ? Faut-il adhérer au récit de Freshkills, à l'écriture glorieuse de son histoire ? Faut-il fermer les yeux sur ces décennies de dépôt à peine contrôlé, lorsque les législations n'étaient guère regardantes en matière de toxicité ? Et dans quelle mesure ces questions mêmes sont-elles déplacées ?

Lorsque j'évoque, longtemps après, l'histoire de Fresh Kills avec J., qui a connu le parc lorsqu'il était décharge, lorsque je lui fais part de mon incompréhension, elle me regarde comme on regarde ceux de l'extérieur qui, malgré toute leur bonne volonté, ont manqué le point essentiel. « *It was a stain* », dit-elle. Elle prononce le mot *stain* avec lenteur, avec une précision presque douloureuse. Elle me parle de la honte. De la puanteur et de la honte. Le mot *stain* se traduit par « tache ». J'entends : flétrissure.

Je me remets en marche lentement, vaguement étourdie, le regard plein de l'île, de sa brume, de sa distance, et les visages autour de moi, si proches, me semblent vides, des masques de sourire, des masques de bonheur, un creux sans fin. En pente douce, le pont de Brooklyn rejoint le trottoir de Manhattan. Marchent vers nous ceux qui l'empruntent dans l'autre sens.

J'ai l'espoir soudain d'apercevoir parmi eux un visage connu, ami. Quelqu'un dont la présence aurait un sens. Je ne reconnais personne. Je reviens de nulle part. Quelque chose d'étrange me saisit, la sensation très nette d'être parmi des morts, des corps sans chair, de pures silhouettes. Je suis arrivée aux Enfers juste après avoir franchi le fleuve, non en barque, mais sur ce pont, et il ne me reste qu'à errer, dans la foule anonyme, pour retrouver mes chers disparus, tenter de les saisir à peine aperçus et voir comme ils s'échappent, fumée, images sans consistance, vaines.

Je lève la tête. Le sommet des gratte-ciel se perd dans la brume. Tout se tait autour de moi, en moi. Je ne sais plus où je suis. Je m'assieds, épuisée, fixe mon attention sur un homme qui dessine à petits traits de stylo noir des vues de sites touristiques. Je reprends mes esprits peu à peu, comme on sort de l'eau après une apnée. Le temps s'est obscurci, je dois rentrer et poursuivrai pourtant, des heures encore, ne parvenant pas à prendre le métro, comme s'il fallait marcher pour comprendre ou pour renoncer.

Je ne prétends pas avoir compris depuis, et, sans doute, ce genre d'hallucination ne s'explique pas. De fait, ces distorsions passagères de la perception, qui s'imposent à moi depuis que Fresh Kills m'a saisie, ne disent rien de moi. J'aurais pu, aussi bien, me contenter de les imaginer. Ces visions ne contiennent aucun message, aucune vérité cachée, ni pendant ni après : il n'y aura pas de révélation.

Depuis longtemps cependant nous taraude le doute de notre propre existence. Nous sommes morts et nous errons, nous cherchons la délivrance et ne la trouvons pas. Comment ignorer qu'à force de ne pas voir, littéralement, que nous avons fait et faisons allégeance à l'ordre qui nous alimente et nous donne une place, nous oublions le prix à payer lorsque l'on vit la conscience divisée ? Il y a l'île, de l'autre côté, la zone sacrifiée, celle qui accueille, celle qui traite, celle qui crève sous les émissions toxiques, celle où le cancer s'attrape comme une grippe. Et ici il y a nous, nos gestes qui sauvent, notre amabilité, nos loisirs intelligents et, bien souvent, notre inquiétude. Il y a nous, et c'est nous qui sommes séparés. Il y a nous, et nous vivons, nous aussi, dans une enclave : dans un semblant de monde, dans des villes souillées de sang, de cendres, des villes qui puent la mort sous leurs pelouses artificielles, leurs espaces végétalisés, qui puent la destruction et la souffrance, le double langage et l'aveuglement.

À quoi servent, pourtant, ces gestes appliqués – jeter nos détritus, bien trier nos déchets –, ces petites cérémonies quotidiennes d'enfants obéissants qui ne veulent pas se faire gronder ? Faisons-nous réellement notre part du travail en nous contentant de laisser un espace vert dans l'état exact où nous l'avons trouvé ?

Car enfin, il n'y a nul héroïsme à trier correctement, et celui qui oublie son sac en plastique dans une aire de pique-nique ne détruit pas la planète, n'abîme pas la nature. Il empêche simplement tous les autres de croire qu'ils vivent dans un monde où le déchet serait maîtrisé, où la consommation de masse ne serait pas un problème. Sa négligence ne nuit pas à cette « nature » substantialisée qui a, depuis bien longtemps, cessé d'être. Elle égratigne simplement l'image que nous aimons entretenir de nous-mêmes, citoyens respectueux de leur environnement, qui voulons à tout prix garder les mains propres, laissant à d'autres acteurs, clairement identifiés sous le nom de « multinationales », le soin de saigner la terre et de semer la guerre pour garantir la satisfaction de nos besoins les plus fondamentaux. Il faudra, pour finir, que se déchire le voile du discours public injonctif, qui ne sert qu'à faciliter le processus économique de recyclage et le management commercial des déchets ménagers. Apparaissent alors les 98,5 % de déchets restants, cette masse incommensurable et toxique produite par nos industries, mais aussi la pollution invisible qui contamine jusqu'à nos propres organismes. Bref, on parvient à envisager ces questions à travers un autre prisme que celui de la responsabilité individuelle et des ordures ménagères, on entrevoit l'ampleur du problème et la logique qui prévaut, de l'extraction des matières premières aux flux de déchets externalisés.

   Un voile peut se déchirer, puis un autre, puis encore un autre. Les voiles qui se déchirent ne réparent rien, ne restituent pas à l'espace clivé sa continuité. Les voiles qui se déchirent n'apportent aucune satisfaction, et la plus absurde serait de croire que l'on a atteint quelque chose. La mort continue de rôder en nous, autour de nous. Le faux sourire continue de régner sur la face béate de notre monde creux. L'hémorragie ne s'atténue pas d'une goutte, simplement, désormais, nous savons : nous avons, nous aussi, les mains sales. Et la tache n'est pas près de partir.

*Je vois alors les petits souliers à vingt euros la paire, souillés de sang, fabriqués par de petites mains, sur de petites machines à coudre aux aiguilles acérées, qui parfois, au lieu du similicuir, piquent le petit doigt qui maintient la pièce à coudre. Je vois le sang sur les petits souliers à vingt euros la paire, qui ne seront portés que quelques mois, puis jetés, car trop petits déjà, ou déjà trop usés ; à vingt euros la paire, on ne peut pas s'attendre à de la qualité, on ne s'y attend pas, et on ne s'attend pas non plus à ce que les conditions de fabrication aient été pleinement satisfaisantes, la main-d'œuvre majeure ou correctement payée, on ne s'y attend pas lorsqu'on achète à vingt euros la paire des petits souliers d'enfant, mais on ne voit pas non plus – comme pourtant je les vois, maintenant, très précisément – les infimes éclaboussures du sang jailli de la main de la petite ouvrière, qui de ses doigts menus tient la pièce à coudre, et dont la main, sous l'effet d'un épuisement bien compréhensible, à cette cadence, de quelques millimètres se décale si bien que la petite aiguille vient impitoyablement s'y planter, transperçant le doigt d'où fuse un peu de sang. Ce n'est pas un conte pour enfants, ce n'est pas un conte, ce n'est peut-être pas ce qui se passe, mais c'est ce que je vois.*

*Je les vois dans les rayons, alignés les petits souliers, maculés les petits souliers, je les vois neufs et maculés, je les vois maculés et usés, je les vois désassemblés gisant pourris, les petits souliers, et la vanité, le dégoût, la petite main meurtrie, les petites mains meurtries pour les petits souliers jetés, à vingt euros la paire, je les vois, et la vision est d'une précision brutale, les taches de sang perceptibles et réelles : je les vois, et cette vue m'aveugle, cette vue me sidère, rend impossible la progression dans le magasin de chaussures, rend impossible un pas de plus vers le rayonnage des souliers que je suis venue acheter. Ce n'est pas de l'indignation, ce n'est pas un sursaut éthique, ce n'est pas un élan de solidarité, ce n'est pas un mouvement de l'âme, ce n'est pas un mouvement du tout, c'est l'empêchement d'un mouvement, et je recule, je sors à reculons du magasin de chaussures, je reviendrai plus tard, lorsque tout ira mieux. Je doute que plus tard tout aille mieux, mais pour l'heure, je sors à reculons, le dos un peu courbé, et je retrouve la rue comme on sort d'un cauchemar.*

## LES JARDINS SUSPENDUS

J'aurais pu profiter de mon dernier jour pour retourner sur l'île mais, à la place, je suis partie arpenter la High Line.

La High Line, c'est la coulée verte de New York, la réhabilitation d'une voie de chemin de fer désaffectée qui, sans ce projet, aurait sans doute tout simplement disparu du paysage. Un chemin de bois et de béton circule entre des touffes de végétation luxuriante ; on traverse ainsi le quartier de Chelsea, qui connaît, grâce à cette attraction, un renouveau sans précédent. Si j'ai consacré l'après-midi de mon dernier dimanche à ce lieu, c'est parce que le bureau d'urbanisme James Corner Field, concepteur du parc de Freshkills, a œuvré à l'« aménagement » de la High Line. Comparée par un esprit chagrin à un parc dont New York serait l'attraction, elle est le prototype du lieu accueillant, sûr et praticable, qui nous enchante. Nous la traversons et découvrons New York de haut, tout en étant encore plongés dans l'atmosphère vibrante (*vibrant*) et électrique de Chelsea. C'est vraiment une expérience unique ! Tout le long du chemin, il y a des bancs et des poubelles, l'ensemble est propre, accessible en fauteuil roulant, pourvu de possibilités de restauration et de sanitaires.

Dans les années 1990, Joel Sternfeld a passé un an sur la High Line à l'abandon et, bien avant sa « réhabilitation », l'a photographiée en toutes saisons. De ces images émanent une grâce et une mélancolie dont il ne reste rien. Seule la structure métallique qui soutenait l'ensemble a été conservée, renforcée, sécurisée ; les voies de chemin de fer ont été ôtées pour permettre les travaux, tronçonnées puis réincrustées par endroits dans le sol, comme ornement. Toutes les plantes ont été arrachées, tous les graffitis, nettoyés ou recouverts, puis des zones de végétation ont été aménagées. Ainsi, la High Line a retrouvé ses herbes folles et ses fleurs sauvages ou rares, disposées en massifs chatoyants, mais elles sont désormais inaccessibles au public, invité à respecter les plantes et à rester de ce côté-ci de la cordelette, ce qui permet de dessiner exactement l'itinéraire de chacun tout le long de la ligne. De toute façon, qui voudrait abîmer d'aussi jolis bouquets ? La végétation est splendide, diversifiée et luxuriante. Par endroits, il a été prévu que le sol puisse se disjoindre pour laisser surgir des « mauvaises herbes » (soigneusement plantées dans les interstices prévus à cet effet). Là où la nature avait repris ses droits, zone franche au cœur de la ville, qui accueillait une faune délicate d'amoureux clandestins, d'artistes urbains, de petits trafiquants et de paumés (liste qui relève elle-même de la représentation fantasmée d'un lieu « authentique »), se déploie aujourd'hui, accessible à tous, un parcours balisé qui tente péniblement de conserver les attributs de ce qu'il n'est plus. Comment ne pas céder à la puissance mortifère d'une telle domestication ? Il n'y a rien d'étonnant à ce que, privés comme nous le sommes de toute énergie vitale (celle qui, nous dit Mary Douglas, réside dans les marges, les zones troubles, les individus inassignables), nous ne parvenions pas à refuser le monde qui nous est proposé. Cette complaisance, cette apathie me révulsent, et en esprit, je mêle ma voix à celles des grands contempteurs de l'humanité, me répands en diatribes d'une agressivité revigorante ; je vois le monde entier disparaître, purifié, sous un déluge qui, cette fois-ci, n'épargnera personne.

C'est sous un ciel noir et menaçant que je m'engage sur la High Line, et l'orage ne tarde pas à éclater : une pluie puissante, drue, vivifiante, qui nous surprend. Les gens se mettent à courir et forment des groupes compacts sous les rares zones couvertes du parcours. Il suffit de quelques instants pour que tout le monde soit trempé. Nous échangeons des sourires amusés, des regards de sympathie, le rose aux joues d'avoir couru ou de ressentir la fraîcheur de cette pluie et la soudaine proximité des corps. Lorsque la pluie cesse, le ciel dégagé laisse apparaître un grand soleil qui fait reluire les rues alentour, celles qui, à notre gauche, s'enfoncent dans la ville et celles qui, à notre droite, rejoignent l'océan. Ma robe en lin a séché rapidement, les fleurs exhalent un parfum doux.

Je m'imagine seule parmi les herbes hautes, parcourant en grandeur nature l'une des photos de Joel Sternfeld ; je projette mon regard au-delà des fines balustrades métalliques et me laisse conquérir par la beauté triomphante de la ville, sans accorder d'attention à rien, sinon à l'étincellement des rues, à leur géométrie. En bout de parcours, un graff immense, autorisé, et bien trop grand hélas pour que je puisse l'ignorer, pare le dernier mur de la High Line. Einstein sourit malicieusement à côté de lettres gigantesques : *LOVE IS THE ANSWER*. L'amour est la réponse. Il faudrait acquiescer, se détendre et sourire. La bonne réaction, manifestement, c'est un petit *selfie ultrabright,* déhanché et doigts en V : profiter de l'instant, en somme, plutôt que de céder à cette colère vaine, à cette exaspération, le signe des impuissants.

Cette colère, pourtant, n'est pas seulement épidermique. Elle naît d'une conviction : c'est parce que nous sommes inoffensifs que nous sommes dangereux.

Dans ma mémoire, un dernier jardin new-yorkais fait écho aux fleurs, aux herbes, au renouveau, à cette mise en scène si caractéristique de la végétation, tant sur la High Line qu'à Freshkills.

Ce jardin-là se cache dans les salles obscures et fraîches d'un musée singulier, Les Cloîtres, où s'exposent des trésors d'art médiéval européen parmi lesquels, venues de Hollande, les tapisseries de la licorne, plusieurs scènes d'une légende dont l'interprétation demeure incertaine et dont l'héroïne récurrente est la fameuse licorne, gracieuse bête blanche et convoitée. On la voit plonger sa corne dans une source (*La licorne purifie l'eau*), se faire assaillir par des chasseurs (*Les chasseurs entrent dans le bois*), se défendre avec ténacité, corps tendu, muscles bandés, menaçant de sa corne ceux qui s'approchent par le devant et de ses sabots levés ceux qui l'attaquent par l'arrière (*La licorne se défend*). La tapisserie qui semble suivre directement montre l'animal fabuleux sans vie, transporté par les chasseurs, pattes liées, encolure lâche, tête pendante (*La licorne tuée est emmenée au château*). La dernière tapisserie de la série, qui ne se laisse insérer dans aucune suite logique, est celle qui retient le plus mon attention : *La licorne en captivité*, que les chasseurs n'auraient donc pas tuée, mais qu'ils auraient, d'une manière ou d'une autre, amadouée, matée, soumise.

La licorne se tient dans un enclos, avec sa barbichette ondulée, sa tête de chèvre blanche, ses sabots fendus, son corps de petit cheval, et, naturellement, sa corne torsadée, qui n'est plus arme, mais ornement. Le motif floral qui constitue le fond de la tapisserie est d'une beauté minutieuse : on reconnaît des œillets, des anémones, des giroflées. La licorne est très calme, dans son enclos. Elle ne se défend plus, ne se cabre pas et s'apprête à brouter gracieusement le pré délicat qui l'entoure. Elle a accepté sa condition.

*C'est un rat, désormais, ce n'est pas beaucoup mieux.*
*Au début, le rat de mes rêves passait furtivement. Je l'apercevais dans le coin d'une pièce, puis il disparaissait. À présent, il me frôle. Il en a contre moi, qui ne sais lui offrir rien d'autre que mon dégoût. Il a quitté la nuit et le temps du sommeil. Une ombre, et je crois voir le rat. Une parole, et je crois l'entendre. Parfois, ils sont plusieurs, offensifs, non qu'ils veuillent me blesser : ils cherchent le contact, qui me fait horreur. À cinq ou six, ils grimpent le long de mon bras gauche. Pourquoi un bras ? Pourquoi le gauche ?*
*Et je repense à l'ami qui me disait, pour me guérir de ma peur des chiens, qu'il y avait sans doute un chien en moi et qu'il fallait l'apprivoiser, parce qu'on a seulement peur de ce que l'on reconnaît.*

REVENIR

Il a fallu rentrer.
Durant les jours qui suivent mon retour, encore en décalage horaire, je perçois le monde familier qui m'entoure, paré de l'éclat du neuf. Comme si se répétait l'arrivée en pays étranger, qui sensibilise le regard aux particularités, lui permet de percevoir une foule de détails significatifs. Mon œil garde l'habitude de voir, d'abord et partout, les déchets. C'est dans cet élan du retour que je finis par demander à une équipe de cantonniers où vont tous les déchets des poubelles du quartier. À l'incinérateur d'Ivry, me disent-ils. Dans *Les Glaneurs et la Glaneuse,* d'Agnès Varda, qui passe cet été-là à la télévision, je vois pour la première fois les tours de l'incinérateur. Je les connais en fait depuis toujours, mais je ne les avais jamais identifiées comme telles. Surmontées d'une fumée blanche qui monte droit dans le ciel, elles s'élèvent à l'horizon du parvis

boisé de la Bibliothèque nationale de France ou se profilent dans le paysage qui s'étend à l'arrière-plan de la gare d'Austerlitz, depuis le métro aérien. Nos restes n'iront pas pourrir en tas, ils s'envolent en fumée, et je me promets un prochain périple dans la ville de l'incinérateur.

Cet été-là encore, au tout début de juillet, une grève des éboueurs change la physionomie du quartier. Je photographie les poubelles qui s'accumulent sur le trottoir et me prends à rêver d'une grève illimitée. J'imagine les poubelles qui s'entassent sans fin, la puanteur, la solidarité inattendue des citoyens, qui décident qu'eux non plus ne veulent plus travailler. Et dans ce climat d'euphorie douce et de chaos, quelque chose se profile, comme une révolution par l'ordure, la fin du règne insupportable de cette propreté prétendument vertueuse où l'on étouffe.

Puis vient le temps des vacances, le départ de Paris, la rentrée et ses exigences, qui balaient ces fantasmagories, signent le retour à « la normale ».

J'ai pourtant tendance à croire que nous ne sortirons bientôt de l'ignorance que pour entrer dans la fascination : ne plus arrêter de penser aux déchets. En voir partout, sans cesse. Une obsession ?

Une hantise. Comme nous hante une vérité dont on détourne le regard, mais dont on ne peut oublier qu'elle existe bel et bien. Et qui, dans notre dos, se transforme en cauchemar. En 1987, le *Mobro 4000*, barge chargée de déchets, quitte le port de New York, longe la côte Est jusqu'au Belize, puis remonte vers New York après avoir tenté en vain, et à plusieurs reprises, de se délester – le chargement sera finalement brûlé à Brooklyn, et les cendres seront enterrées dans la petite ville d'Islip, d'où les déchets étaient originaires. Une vive discussion publique s'ensuit, les imaginations s'enflamment, le *Mobro* devient une figure de la culture populaire, barge errante, vaisseau fantôme empli à ras bord d'un chargement suspect dont personne ne veut. Des palabres sans fin lui sont consacrées dans *Outremonde*, où, d'insinuation en insinuation, les personnages tentent de deviner de quelle nature sont les déchets du *Mobro*. Dans *Sexe, mensonges et vidéo*, c'est cette histoire de barge qui déclenche l'obsession d'Ann. Elle se confie à son psy, lui dit qu'elle a passé la semaine à penser aux déchets, qu'elle n'arrive plus à penser à autre chose. Elle est accablée, surtout, par la vision d'un *container* qui recracherait ses poubelles, qui vomirait son trop-plein, et d'où sortirait un flot continu et incessant d'ordures.

Oui, un cauchemar : ces flots de déchets, menaçant de nous submerger, monstre de film d'horreur, variation inédite sur le thème des zombies.

Il suffit pourtant, afin d'éviter de céder à l'emprise du cauchemar, de changer de monde. Non pas de changer *le* monde – le temps n'est plus au rêve –, mais bien *de* monde, c'est-à-dire de langage.

À titre d'exemple, le monde qui se déploie dans les manuels destinés aux gestionnaires est infiniment plus confortable, quoiqu'un peu austère : dessiné par un langage qui ne laisse pas la moindre place au doute, à l'inquiétude, au tremblement, à la contradiction, il ne connaît que problèmes et solutions. Ici, définir le déchet sert à l'« orienter vers la filière d'élimination, et par conséquent à déterminer les coûts de traitement par unité de poids », ainsi qu'à « fixer les limites des domaines et des réglementations respectives qui s'appliquent ». Quand on aborde les déchets du point de vue de leur gestion, les questions de la valeur économique, de la valorisation et du recyclage dominent, bien que le ton neutre et descriptif qui prévaut semble exclure toute idéologie. C'est là que se dévoile le plus ingénument la logique de rentabilité qui prime sur les injonctions culpabilisantes à l'adresse des consommateurs et des producteurs de déchets, exhortés à prendre, gratuitement, part au travail du recyclage, pratique d'autant plus avantageuse – cela relève de l'évidence – que sa mise en place sera moins coûteuse. Pas d'idéologie, donc, et pas d'états d'âme non plus. Seulement l'expertise, l'objectivité informée du spécialiste, celui qui est «en charge». Le langage des gestionnaires nomme, classifie puis prescrit, en fonction des réglementations en vigueur. Il existe ainsi plusieurs catégories de déchets : ménagers et assimilés, déchets des collectivités locales, déchets industriels, déchets inertes, dangereux, hospitaliers, fermentescibles, jusqu'au déchet ultime, qui finit non pas en décharge, mais dans les centres de stockage des déchets (CSD), ou centres d'enfouissement technique (CET).

L'Organisation de coopération et de développement économiques (OCDE) liste également une série de questions qui circonscrivent plus nettement le déchet : «Le matériau est-il produit volontairement ? Le matériau est-il produit pour répondre à une demande du marché ? La valeur économique du produit est-elle négative ? Ce matériau convient-il encore à sa fonction d'origine ? Le produit présente-t-il un usage identifié ? Ce matériau peut-il être utilisé après une opération de recyclage ?» Dans la hiérarchie du traitement des déchets (évitement, valorisation matière, valorisation énergétique, incinération sans production d'énergie, décharge), la décharge constitue le dernier maillon de la chaîne. C'est pourquoi elle est théoriquement réservée aujourd'hui aux déchets *ultimes* (qui ne sont plus susceptibles d'être traités dans les conditions techniques et économiques du moment, notamment par extraction de la part valorisable ou par extraction de leur caractère polluant ou dangereux).

Ainsi, la parole neutre et désincarnée de la bureaucratie urbaine renomme et classifie, efface l'aura trouble et l'image négative de la décharge en un geste langagier qui signe la disparition de ce tas immense, monstrueux, où pullulent les organismes vivants de toutes tailles et de tous types. La description technique et minutieuse des installations de traitement occupe, ou plutôt occulte, tout le champ de la représentation.

Plus rien ne tremble, plus rien ne vit. Plus rien ne menace ni n'inquiète. Le problème est «géré».

*À considérer suffisamment longtemps « l'après » de la marchandise, on finit par entrevoir non seulement son devenir-déchet, sa décomposition, mais aussi, comme deux néants se rejoignent, le temps qui précède sa mise à disposition sur nos rayonnages, celui de sa production. Le cycle ne s'arrête pas là : les matériaux des marchandises usées seront récupérés pour faire du neuf ; mais dans ce cycle, aucun miracle, aucune vertu, seulement la chaîne affligeante des décisions qui régissent la production de masse et sa conséquence nécessaire : le gavage infini des bêtes que nous sommes.*

## MÉMOIRE CONTRE MÉMOIRE

Il serait aisé de voir en Freshkills l'allégorie de notre relation non résolue aux déchets, de l'impensé qu'ils représentent, de leur circulation loin des zones où ils sont produits vers celles qui n'ont d'autre choix que de les recevoir et de faire avec. Cependant, je ne crois pas que les rapports de force qui permettent une telle distribution des rebuts accablent exclusivement ceux qui se trouvent du mauvais côté de la balance. Entendons-nous bien : les dommages subis sont sans commune mesure, en particulier si l'on songe aux habitants des zones sacrifiées, à proximité des sites les plus dangereux. De fait, le mauvais côté de la balance, ou de la ligne de pensée invisible qui sépare les territoires, je ne le connais pas, et c'est donc mon propre domaine que j'arpente, ce petit royaume de zombies bienséants parmi lesquels je vis, étant l'un d'eux. La décharge sanitaire, telle que nous la connaissons aujourd'hui, se dresse sur la ligne d'horizon du royaume en question. Elle est née au cœur du XX$^e$ siècle, en réponse à la recrudescence des déchets notamment issus de l'activité industrielle en plein essor, puis de la société de consommation. Elle est l'enfant monstrueux de notre mode de vie, notre œuvre commune, l'un des nombreux visages de notre allégeance à un ordre qui implique, dans son économie intime, la destruction. L'ignorer et « vivre avec » nous garantit un certain confort, mais nous contraint à une conscience divisée. Tout aveuglement volontaire se paie, toute humanité double est tiraillée. Si d'ailleurs nous avions la conscience légère, pourquoi chercher à toute force à l'alléger encore par nos comportements irréprochables de citoyens modèles, qui jamais ne regimbent ? Nous avons plus d'un cadavre dans nos placards bien rangés, qui menace de resurgir au moment le plus importun. Nos villes lisses et propres, nos maisons impeccables, notre hygiène de vie scrupuleuse et suspecte nous nuisent. Elles nous mutilent. Elles nous coupent de nos désirs. Elles entretiennent l'illusion qu'il n'y a rien de plus, rien d'autre à vouloir être que ce peuple exsangue, anesthésié, cherchant ce qui lui manque dans une mise en scène pathétique de lui-même ou dans quelque pourvoyeur de sensations fortes.

Or, il y a plus à vouloir, et plus à désirer.

*Les êtres humains peuvent prétendre à la vérité* : c'est le titre d'un bref essai de la poète autrichienne Ingeborg Bachmann. Dans l'original, la langue allemande dit bien plus de choses que cette seule petite phrase : les êtres humains sont de taille à affronter la vérité, on peut attendre des êtres humains qu'ils se confrontent à la vérité. En d'autres termes, cette épreuve, ce défi, ne sont tels qu'ils nous écraseraient. Nous avons les ressources pour faire face au réel, que nous modelons de nos propres mains. Nous pouvons regarder le monde que nous contribuons à faire perdurer, l'ordre qui subsiste avec notre accord.

Et c'est parce que nous disposons de cette force que nous pouvons prétendre aussi, selon Bachmann, à un langage qui dit ou tente de dire, sinon le monde, du moins ses servitudes et ses mensonges. Un langage qui dévoile la vanité de la parole creuse et qui permet de faire l'expérience d'une autre manière de parler, c'est-à-dire d'une autre façon de vivre.

Le langage qui prévaut dans la promotion du parc de Freshkills présente des affinités profondes avec celui des gestionnaires. Non pas dans les termes mêmes qui sont utilisés, mais dans cette forme de victoire sur toutes les aspérités du réel, sur tous ses troubles, ses strates, tant matérielles que temporelles. C'est le règne de la surface, qui apprivoise toutes les inquiétudes, aplanit jusqu'à nos mémoires. R. K. en témoigne, qui fut chargé pendant quelques années de l'organisation d'événements artistiques sur le site de Freshkills. Dans l'un des précieux entretiens consignés sur le site d'histoire orale de la ville de New York, R. K., interrogé sur les termes spécifiques qu'il était censé utiliser lorsqu'il parlait du lieu, rapporte : l'une des recommandations était de ne jamais parler du site comme d'une décharge ou d'une ex-décharge, mais toujours comme d'un parc, et d'employer toujours, extensivement, le nouveau nom de «Freshkills Park». Une autre recommandation formulée par l'agence de communication consistait à employer, dès que possible, le préfixe «re». À Freshkills, l'éternel recommencement est en œuvre, rien n'est jamais définitif, aucun échec, aucune erreur, tout peut toujours repartir, il reste toujours, partout, un reliquat de valeur qui peut être réutilisé, qui permet de recréer du neuf à partir du rebut. Tout se recycle, même la terre, et l'avenir nous réserve des surprises éclatantes que nous n'aurions jamais soupçonnées. Tout se rachète. Tout se rédime. Une terre dévastée redevient nature sous l'effet conjugué de la technologie et du marketing. L'idylle est toujours, de nouveau, à portée de main.

L'affaire serait trop simple, cependant, si l'écriture de la mémoire n'était plurielle. Même lorsqu'un discours domine massivement – par les moyens qu'il se donne pour le faire –, émergent, dans les interstices, en parallèle, des voix alternatives. Au moment où se distille le récit rédempteur de la terre recyclée, l'Alliance choisit de permettre l'accès au parc aux artistes, aux chercheurs, à ceux qui manifestent un intérêt pour la transformation en cours. Et il y a là un désir non feint, me semble-t-il, car il relève d'une nécessité : faire du parc un espace commun, le réassimiler à une vision apaisée du collectif, au sein de Staten Island, à New York, et même au-delà. C'est seulement alors que la transformation sera achevée, lorsque tous verront effectivement, en Freshkills, un parc et non une décharge. Or, pour atteindre un tel consensus, on ne peut écarter les mémoires dissonantes – elles subsisteraient de toute façon –, mais on doit les accueillir, les assimiler. Ainsi, pour qui veut bien tendre l'oreille, les voix de Fresh Kills résonnent encore.

Sur le site d'histoire orale du Département sanitaire de la ville de New York, on peut entendre la voix d'Hansine Bowe, qui a grandi à Fresh Kills avant la décharge, celle de Frank Zito, collaborateur au sein du département avant la fermeture, puis, après celle de Martin Bellew, directeur à la retraite du Bureau de traitement des déchets, celle d'Eloise Hirsh, anthropologue qui supervise la transformation de la décharge en parc. Pour se faire une idée de ce qui est en jeu aujourd'hui, à Staten Island, il faut leur prêter attention. Ces entretiens, rires échangés, raclements de gorge, silences, sauvent quelque chose de ce lieu.

Il y a, ainsi, la voix moelleuse, infiniment sympathique, chaleureuse, de Martin Bellew. Répondant aux questions de son enquêtrice, il retrace sa carrière au sein des services sanitaires, raconte quelques anecdotes. Surtout, il évoque le rythme de travail acharné à la suite du 11 septembre, les journées de douze heures enchaînées sans repos durant plusieurs mois, l'épuisement, la poussière des tours, où tout se mêle, la présence des services secrets, les règles de sécurité, la décision du juge qui, face aux familles des victimes, prend acte du fait que les restes demeureront à Freshkills – et enfin, les voitures : tous les véhicules, 1 400 précisément, que personne ne vint réclamer, dont le métal fut recyclé, tous ces véhicules alignés. Et la nuit, c'était étrange, insolite. La nuit, du haut de la colline, celle où tous les restes étaient recueillis, on entendait comme un bavardage indistinct sortant des véhicules, un brouhaha. C'est que les radios n'étaient pas éteintes, qu'elles fonctionnaient toujours ; 1 400 véhicules, imaginez le raffut.

On avait beau savoir d'où elles venaient, ces voix, soudain, quand on travaillait la nuit sur la colline...
Au début, c'était inquiétant.

Le vacarme s'est apaisé, mais comme on le sait, la mémoire est une eau dormante, et l'absence apparente de tout remous ne dit rien des bouleversements qui se préparent en profondeur. Il faut du temps à certaines questions pour resurgir, et nul ne peut dire si les générations futures accepteront le parc avec l'enthousiasme et la docilité prévus ou si les incertitudes les plus inconfortables – celle notamment sur la toxicité passée et à long terme du site – finiront par remonter à la surface.

Pour ma part, je n'ai pas abandonné tout espoir de voir Paris, New York et toutes les villes, impérieuses et désolées, qui leur ressemblent se réveiller un jour avec une terrible nausée, de celles qui vous empêchent de vous nourrir, de vous concentrer, de travailler, de vivre, de celles qui vous assiègent comme une énigme irrésolue et qui vous intiment de vous y consacrer corps et âme. – « D'où vient la puanteur ? »

Postface

Le livre que l'on vient de lire a eu une destinée un peu étrange, puisqu'après en avoir achevé l'écriture, il m'a fallu renoncer d'abord à le voir publié en France.

La nouvelle parution de *Freshkills* me donne donc l'occasion, près de cinq ans après mon retour de New York et ma visite du parc, de mesurer la distance qui existe désormais entre ma réflexion de l'époque et celle que je mène aujourd'hui. Toute recherche, par nature, mûrit, se métamorphose lentement.

Je me souviens précisément que je voyais la ligne symbolique qui sépare notre environnement propre, cosmétique, maîtrisé et aseptisé, de cet autre côté dévasté qui reçoit comme une charge tous les déchets dont nous voulons nous défaire. J'insistais également sur l'invisibilisation de ces déchets, la forme d'impensé qu'ils représentent, et sur ce second point, l'époque, me semble-t-il, a changé d'elle-même, la brume se dissipe, pour ainsi dire, même si je ne suis pas sûre que les représentations les plus fréquentes que nous puissions avoir du « problème des déchets » soient nécessairement les plus pertinentes ou les plus exactes.

Ce qui a changé, pour moi, c'est cette « ligne », cette frontière qui « nous » – producteurs de déchets, consommateurs effrénés, classes les plus privilégiées des sociétés occidentales – séparait d'« eux », ceux qui traitent et ceux qui subissent, habitants des zones sacrifiées, peuple parqué de l'autre côté du périphérique ou de l'autre côté de l'horizon, tout aussi invisible à nos yeux que ceux qui fabriquent nos jouets, nos vêtements bon marché, ou nettoient nos bureaux. Mettre l'accent sur cette séparation, qui dans *Freshkills* m'importe tant, c'était dire, d'abord, que toute question écologique est à mes yeux indissociable d'une question de justice environnementale.

Un séjour de recherche à Berlin m'aura néanmoins donné l'occasion de nuancer un peu ma vision des choses. C'est durant ce séjour que j'ai rédigé les trois notes suivantes, dont les deux premières ont paru dans la revue *Vacarme* à l'été 2018 :

\*

**Berlin, 30 avril 2018**
L'horizon vers lequel j'écris est celui de l'utopie. Écrivant, je regarde vers le possible d'une révolution, d'un déplacement, d'un jeu, d'une marge de manœuvre. Le réel, le présent, nous plongent dans la stupeur – ils nous excèdent, nous ne parvenons pas assez à les saisir, nous voyons bien ce qui se passe, mais nous ne le pensons pas encore exactement, n'ayant pas le fin mot de l'histoire.
Je cherche non pas la formule explosive qui ouvrira la voie, mais l'outil, le mot, la parole, qui me permette de reprendre mes esprits, avec l'intuition, ou l'espoir, que « déchet » pourrait être ce mot-là.
En arrière-fond, les questions informulées, sourdes, les mauvaises questions héritées du temps d'avant, celui qui se dissout maintenant, mais je n'en ai pas d'autres : la guerre est à venir ? Est-ce déjà la guerre ? Quand sait-on qu'une guerre a commencé ? Peut-être : lorsque, de nouveau, le langage est miné. Lorsque les mots qui voulaient dire quelque chose sont, de nouveau, repris, récupérés, vidés de leur sens, jetés en pâture, broyés dans le bruit du temps.
Lors d'une tentative de traduction des mots du déchet entre l'anglais, l'allemand, et le français, se fait jour une parenté inattendue – quoique déjà aperçue dans des œuvres littéraires, et notamment

chez DeLillo – entre bruit, et déchet : *rubbish*, en anglais dit à la fois le rebut et la camelote. Ce que l'on jette parce que cela a perdu toute valeur, et ce que l'on garde, mais relègue, pour la même raison – la peau de banane et le vieux cendrier orange dont plus personne ne veut. Je me demande si en allemand, on trouverait un terme équivalent, ayant également ce double sens. Mais non : je trouve de nouveau deux sens, en allemand. *Müll* (assez proche des ordures), et *Gerümpel*, que je ne connais pas. Le dictionnaire m'en apprend le sens – ensemble d'objets sans valeur – et le sens premier : en moyen haut-allemand, *Gerümpel* est un synonyme de *Gepolter*, qui signifie vacarme. Ce que nous apprend le mot *rubbish*, c'est qu'il y aurait finalement deux choses à faire, avec le déchet-camelote : l'utiliser, en le détournant de sa fonction première, ou bien le détruire.

\*

**Exotisme**
Le déchet, est-ce toujours l'autre ? On trouve, en français comme en allemand, la même racine de la «chute». Déchet, *Abfall* (fallen, tomber) ce qui, après découpe, reste, ce qui n'appartient pas au «tout», mais serait nécessaire à sa définition : de

l'autre côté de la limite, de l'autre côté du ciseau, ou du couteau qui sépare l'os, bientôt jeté, de la viande.

L'autre côté du mur, la périphérie de la ville, c'est bien souvent là que se retrouvent les déchets, stockés, brûlés, relégués loin des yeux, loin du cœur. Dans les mêmes zones pourtant, incertaines, opaques, on vient chercher un visage autre de la ville, loin de la domestication des espaces verts protégés, adaptés aux loisirs familiaux inoffensifs, à la détente du couple-deux-enfants en fin de semaine (c'est tellement agréable). Pour ceux que rebute la récréation organisée, l'arpentage des friches recèle des trésors, des mystères, des expériences «authentiques». Je me demande pourtant dans quelle mesure ces expériences mêmes, et le récit qu'on peut en faire en littérature, ne relèvent pas d'un exotisme de la marge – partant, dans quelle mesure le déchet lui-même, quand on prétend lui redonner valeur, n'est pas soumis à la même approche vaguement esthétisante ou romantique, comme dernier refuge d'une authenticité perdue.

Comme antidote à une telle posture, je trouve seulement : «le déchet, c'est nous.» En témoignent les chiffres effrayants de la pollution plastique, non seulement le «sixième continent» si spectaculaire, mais surtout les microparticules de plastique qui logent désormais en nous, dans nos organismes. Et je songe qu'à construire une figure de l'autre comme déchet, celui que la société a absolument rejeté, détruit, nié, on en oublie peut-être le mépris qui s'exerce quotidiennement à notre encontre, le mépris pour le monde dans lequel certains espèrent encore, et un mépris plus grand encore pour la colère de ceux qui refusent d'y renoncer.

\*

### *Asàrotos òikos*[1]

*Asàrotos òikos* désigne le «sol non balayé» (ou «chambre», ou «pièce» non balayée, s'il s'agit ici de traduire *òikos*), une mosaïque aujourd'hui perdue réalisée par Sosos de Pergame et décrite par Pline dans son *Histoire Naturelle*. Elle représentait, nous dit Pline, «des restes de nourriture et toutes ces choses qui sont habituellement balayées, comme si elles avaient été laissées là (*velut relicta*)».

La mosaïque, créée au deuxième siècle après J.-C., devint en elle-même un genre populaire, et il s'agit peut-être d'une des plus anciennes représentations de détritus. Parmi celles aujourd'hui conservées,

---

1. Ce texte reprend et modifie un article paru en anglais dans l'ouvrage collectif *Geopoetics in Practice*, dirigé par Eric Magrane, Linda Russo, Sarah de Leeuw, Craig Santos Perez, Routledge 2019.

l'une est exposée au Musée du Vatican, on y voit les reliefs d'un banquet fastueux, arêtes de poissons et os de poulet, morceaux de fruits portant morsure et coquillages brisés. Le temps ici est suspendu : ces restes habituellement balayés, nous pourrions les « laisser là », reliques éphémères, et les regarder, sans fascination ni dégoût, les contempler dans leur singularité, leur matérialité. Il n'y a rien en eux de sale, ni de repoussant. Nous nous trouvons dans l'interstice précieux, juste après la fin de banquet, et avant que la pièce ne soit nettoyée pour accueillir le banquet suivant.

On pense bien souvent à l'histoire des déchets en Occident comme à une histoire de séparation, pourtant, le fait que l'*asàrotos òikos* soit devenu particulièrement populaire pourrait laisser penser le contraire, et mériterait une étude en soi. Une telle étude en dirait long, sans doute, sur les mœurs des riches familles romaines (et comme il devait être plaisant d'entrer dans une pièce où le banquet devait avoir lieu, sur un sol déjà jonché, en trompe l'œil, de restes intemporels, rappelant les réjouissances passées et annonçant la bombance à venir). Quoi qu'il en soit, l'*asàrotos òikos*, d'une part, efface précisément le geste, le travail invisible de ceux qui « nettoient derrière », mais d'autre part nous invite à imaginer le lieu où nous vivons, oikos, notre environnement, comme un espace d'où les restes désormais sans valeur de notre vie quotidienne garderaient une place et pourraient perdurer, ne serait-ce que dans nos pensées.

*

Aujourd'hui, au printemps 2020, alors qu'ici, à Paris, nous sommes enfermés depuis plus d'un mois, je ne peux me retenir de noter que, désormais, l'on cite, aux côtés des infirmiers, médecins, enseignants, caissiers, les éboueurs, comme ceux dont le travail est essentiel à la poursuite d'une certaine normalité. Des riverains déposent, sur leurs bacs à poubelles, des petits mots de remerciements, des dessins, pour dire leur gratitude. En ce temps incertain, il est difficile de savoir si ces sentiments seront durables, s'il ne s'agit que d'une effusion passagère, qui rend visibles les invisibles, ou d'une prise de conscience.

Aujourd'hui, peur de la souillure et peur de la maladie coïncident avec une exactitude aiguë, et pour combien de temps encore ? Dans la difficulté à penser ce qui arrive, je ne parviens qu'à me raccrocher aux mots (comme on se raccroche aux branches). Je remarque qu'on met en quarantaine ou que l'on confine des *malades*, et que ces mots désormais s'appliquent à des millions de personnes en bonne santé, de par le monde.

Quoi que nous expliquions à nos enfants, quoi que nous voulions croire nous-mêmes : notre soumission, de bonne ou de mauvaise grâce, aux mesures imposées qui restreignent notre liberté n'est pas seulement dictée par notre intelligence de la situation, mais aussi, pour une part d'entre nous, par la peur de la contamination. Or les frontières du monde qu'il nous faut préserver sont désormais multiples : frontières de notre corps, maintenu à distance, seuils de nos demeures, que nul ne doit franchir, et puis ces frontières invisibles qui séparent désormais ceux qui doivent arpenter le dehors, et ceux qui peuvent s'y soustraire. Aux fenêtres, le peuple des épargnés remercie, et ce faisant salue sa chance de pouvoir rester à l'intérieur.

*

Dans un beau texte[2] consacré à l'*asarotos òikos* de Sosos de Pergame, Pascal Quignard rappelle le lien profond qui unit les restes du repas aux morts :

---
2. « La chambre non balayée de Sôsos de Pergame », paru dans l'ouvrage collectif *Le Temps de la réflexion*, Gallimard, 1984.

À l'origine les anciens Romains ensevelissaient les morts à même le sol de la cabane primitive. Les parents morts étaient présents, auprès du foyer domestique, sous la table familiale. Ces noms et ces ombres (ces souvenirs, ces divinités) se nourrissaient des reliefs de nourriture tombés à terre, et des libations de vin faites en prononçant leur nom. Puis vint le temps après qu'on avait eu distingué les lieux du foyer et du tombeau où repas et sacrifice, festin et mise à mort, autel et table ne s'étaient encore nullement séparés sous forme de noms et de rites. Aussi, après qu'on avait balayé sous la table, on ramassait pieusement les *purgamenta cenae* du texte de Pline, les balayures qui étaient entrées en contact avec le sol, et on les portait au tombeau afin que les âmes qui les avaient hantées y fussent elles-mêmes reconduites.

Ce n'est plus seulement la continuité rompue de nos géographies et de nos espaces mentaux qui me préoccupe aujourd'hui, lorsque j'envisage les déchets. J'essaie désormais de penser aussi notre proximité au rebut, et de prendre en compte, dans leur matérialité, les restes corrompus, persistants ou fugaces, qui peuplent notre monde. L'un des enjeux serait ici de parvenir à accepter la perte, à assumer le risque de la disparition, et, sur un mode non mélancolique et sans recherche de salut, de faire face au monde, avec ce risque en poche.

# Bibliographie

**Ouvrages de référence**

- BARLES, Sabine, *L'Invention des déchets urbains. France, 1790-1970,* Ceyzérieu, Champ Vallon, 2005.
- BAUMAN, Zygmunt, *Wasted Lives,* Hoboken, Wiley, 2003.
- CORBIN, Alain, *Le Miasme et la Jonquille,* Paris, Flammarion, [1982] 1986.
- DAMIEN, Alain, *Guide du traitement des déchets,* Paris, Dunod, 2013.
- DELILLO, Don, *Underworld,* New York, Scribner, 1997.
- DOUGLAS, Mary, *Purity and Danger,* Abingdon-on-Thames, Routledge, 1966.
- FOUCAULT, Michel, *Histoire de la folie à l'âge classique. Folie et déraison,* Paris, Gallimard, [1961] 1972.
- HARPET, Cyril, *Du déchet. Philosophie des immondices,* Paris, L'Harmattan, 1999.
- HAWKINS, Gay, *The Ethics of Waste: How We Relate to Rubbish,* Lanham, Rowman & Littlefield, 2006.
- JOULOT, Antoine, *Les Ordures ménagères, composition, collecte, évacuation, traitement,* Paris, Berger-Levrault, 1946.
- LATOUR, Bruno, *Politiques de la nature,* Paris, La Découverte, 1999.
- LIBOIRON, Max, « L'activiste esseulé », trad. Laure Vermeersch, Paris, *Vacarme,* n° 79, 2017.

- MELOSI, Martin V., *The Sanitary City : Urban Infrastructure in America from Colonial Times to the Present*, Baltimore, The John Hopkins University Press, 2000.
- MELOSI, Martin V., *Fresh Kills : A History of Consuming and Discarding in New York City*, Columbia University Press, 2020.
- NAGLE, Robin, « The history and future of Fresh Kills », dans Nadine MONEM, *Dirt : The Filthy Reality of Everyday Life*, London, Profile Books, 2011.
- NAGLE, Robin, *Picking Up : On the Streets and Behind the Trucks with the Sanitation Workers of New York City*, New York, Farrar, Straus and Giroux, 2013.
- RATHJE, William, et Cullen MURPHY, *Rubbish ! : The Archaeology of Garbage*, Tucson, The University of Arizona Press, 2001.
- SCAPPETTONE, Jennifer, *The Republic of Exit 43 : Outtakes & Scores from an Archaeology and Pop-Up Opera of the Corporate Dump*, Berkeley, Atelos, 2016.
- STEINBERG, Ted, *Gotham Unbound : The Ecological History of Greater New York*, New York, Simon and Schuster, 2014.
- STRASSER, Susan, *Waste and Want : A Social History of Trash*, New York, Metropolitan Books, 1999.

- Tardieu, Ambroise, *Voiries et cimetières,* Paris, Martinet, 1852.
- Thompson, Michael, *Rubbish Theory,* Oxford, Oxford University Press, 1979.

**Sites internet**

- https://discardstudies.com
- http://www.dsnyoralhistoryarchive.org

## Table des matières

| | |
|---|---:|
| Avant-propos | 7 |
| Éden | 23 |
| Déchoir | 33 |
| Allégeance | 45 |
| Freshkills Park Tour | 65 |
| Hantise | 91 |
| Les jardins suspendus | 103 |
| Revenir | 113 |
| Mémoire contre mémoire | 123 |
| Postface | 131 |
| Bibliographie | 142 |

DE LA MÊME AUTRICE

LES ÉCHAPPÉES, roman, Éditions de l'Ogre, 2019, prix Wepler
PEUPLIÉ, poésie, Lanskine, 2019
ZONES BLANCHES, collectif, Le Bec en l'air, 2018
DEPUIS DISTANCE, poésie, Lanskine, 2016
SAFE, roman, Éditions de l'Ogre, 2016
ANTHOLOGIE GÉNÉRAL INSTIN, collectif, Le nouvel Attila, 2015
LA RETENUE, poésie, Lanskine, 2015
C'EST MONZÓN, poésie, éditions Derrière la salle de bains, 2014
TOUT AURA BRÛLÉ, poésie, Les Inaperçus, 2013
TERRITOIRES DE MÉMOIRE. L'ÉCRITURE POÉTIQUE À L'ÉPREUVE DE LA VIOLENCE HISTORIQUE, essai, Classiques Garnier, 2012

## Remerciements de l'autrice

De très nombreuses personnes ont permis l'aboutissement de ce projet. Merci à celles et ceux qui ont accompagné, relu, inspiré ces pages.

Mes remerciements particuliers au parc de Freshkills qui m'a ouvert ses portes en juin 2015, à son administratrice Eloise Hirsh et à Megan, pour la visite.

À tous les amis qui m'ont envoyé ou continuent de m'envoyer des messages dont l'intitulé est « déchets », un chaleureux merci : je ne compte plus les découvertes qu'ils m'ont permis de faire. Merci, enfin, à Sarah, pour sa curiosité infinie, et à Emmanuel, pour son oreille toujours si juste.

# (ÉDITIONS) LA CONTRE ALLÉE

*Délaissant les grands axes, j'ai pris la contre-allée* - A. Bashung et J. Fauque

\*

### Collection LA SENTINELLE
*Une attention particulière aux histoires et parcours singuliers de gens, lieux, mouvements sociaux et culturels.*

POSER PROBLÈME • Antoine Mouton (2020)

L'ARRACHÉE BELLE • Lou Darsan (2020)

MÈRE D'INVENTION • Clara Dupuis-Morency (2020)

ROUGE PUTE, suivi de LA COURONNE • Perrine Le Querrec (2020)

À MAINS NUES • Amandine Dhée (2020)

CE PRINCE QUE JE FUS • Jordi Soler (2019)
*traduit de l'espagnol (Mexique) par Jean-Marie Saint-Lu*

LE BRUIT DES TUILES • Thomas Giraud (2019)

LE NUAGE ET LA VALSE • Ferdinand Peroutka (2019)
*traduit du tchèque par Hélène Belleto-Sussel*

L'ODEUR DE CHLORE • Irma Pelatan (2019)

UN AUTRE MONDE • Alfons Cervera (2018)
*traduit de l'espagnol par Georges Tyras*

LE NORD DU MONDE • Nathalie Yot (2018)

DÉBARQUÉ • Jacques Josse (2018)

LA BALLADE SILENCIEUSE DE JACKSON C. FRANK • Thomas Giraud (2018)

L'INSTANT DÉCISIF • Pablo Martín Sánchez (2017)
*traduit de l'espagnol par Jean-Marie Saint-Lu*

LETTRES NOMADES - SAISON 6 • Collectif (2017)

MOUJIK MOUJIK suivi de NOTOWN • Sophie G. Lucas (2017)

CAVERNE suivi de CADAVRES • Makenzy Orcel (2017)

CONTRE-JOUR • Sara Rosenberg (2017)
*traduit de l'espagnol (Argentine) par Belinda Corbacho*

CHÔMAGE MONSTRE • Antoine Mouton (2017)

LA FEMME BROUILLON • Amandine Dhée (2017)

TÉMOIN • Sophie G. Lucas (2016)

ÉLISÉE • Thomas Giraud (2016)

BABY SPOT • Isabel Alba (2016)
*traduit de l'espagnol par Michelle Ortuno*

LETTRES NOMADES - SAISON 5 • Collectif (2016)

FRICTIONS • Pablo Martín Sánchez (2016)
*traduit de l'espagnol par Jean-Marie Saint-Lu*

TOMBEAU DE PAMELA SAUVAGE • Fanny Chiarello (2016)

TROUVER UN AUTRE NOM À L'AMOUR • Nivaria Tejera (2015)
*traduit de l'espagnol (Cuba) par François Vallée*

Marco Pantani a débranché la prise • Jacques Josse (2015)

Lettres nomades - saison 4 • Collectif (2015)

La Nuit des terrasses • Makenzy Orcel (2015)

Vie de Milena • Jana Černá (2014)
*traduit du tchèque par Barbora Faure*

La Véritable Histoire de Matías Bran, Livre 1 :
Les Usines Weiser • Isabel Alba (2014)
*traduit de l'espagnol par Michelle Ortuno*

Tant de larmes ont coulé depuis • Alfons Cervera (2014)
*traduit de l'espagnol par Georges Tyras*

Lettres nomades - saison 3 • Collectif (2014)

La Ville sur le divan • Laurent Petit (2013)

Le Ravin • Nivaria Tejera (2013)
*traduit de l'espagnol (Cuba) par Claude Couffon*

La Femme-précipice • Princesse Inca (2013)
*traduit de l'espagnol par Laurence Breysse-Chanet*

Et puis ça fait bête d'être triste en maillot de bain
Amandine Dhée (2013)

Un fil rouge • Sara Rosenberg (2012)
*traduit de l'espagnol (Argentine) par Belinda Corbacho*

Putain d'indépendance ! • Kaddour Riad (2012)

Ces vies-là • Alfons Cervera (2011)
*traduit de l'espagnol par Georges Tyras*

Ça nous apprendra à naître dans le Nord
Amandine Dhée et Carole Fives (2011)

El Ferrocarril de Santa Fives • Robert Rapilly (2011)

Du bulgom et des hommes • Amandine Dhée (2010)

D'azur et d'acier • Lucien Suel (2010)

Gens du huit mai • Jean-François Pocentek (2010)

Capenoules ! • Francis Delabre (2010)

\*

Collection L'Inventaire d'inventions
*« Parce qu'il manque toujours quelque chose au monde. »* Eduardo Berti

Un voyage d'Envers • Robert Rapilly & Philippe Lemaire (2018)

Inventaire d'inventions (inventées)
Eduardo Berti & Monobloque (2017)
*traduit de l'espagnol par Jean-Marie Saint-Lu*

\*

Collection Les Périphéries
*Une collection qui nous rapproche de l'œuvre
et des centres d'intérêt d'un auteur.*

Kiruna • Maylis de Kerangal (2019)

Rougeville • Patrick Varetz (2018)

Assommons les poètes ! • Sophie G. Lucas (2018)

Venise est lagune • Roberto Ferrucci (2016)
*traduit de l'italien par Jérôme Nicolas*

L'Ultime Parade de Bohumil Hrabal • Jacques Josse (2016)

Écrire une histoire • Olivier de Solminihac (2015)

Tant de place dans le ciel • Amandine Dhée (2015)

Les Chemins de retour • Alfons Cervera (2015)
*traduit de l'espagnol par Georges Tyras*

Pas dans le cul aujourd'hui • Jana Černá (2014)
*traduit du tchèque par Barbora Faure*

La Rentrée littéraire de Gilles Defacque (2014)

Quelques pas de solitude • Pascal Dessaint (2014)

Le Lapin mystique • Lucien Suel (2014)

\*

Collection Fictions d'Europe
*Une collection qui invite des écrivains à poser un regard sur l'Europe.*

Le Sommeil d'Europe • Yoko Tawada (2018)
*traduit de l'allemand par Bernard Banoun*

Le Cœur de l'Europe • Emmanuel Ruben (2018)

Ces histoires qui arrivent • Roberto Ferrucci (2017)
*traduit de l'italien par Jérôme Nicolas*

Les Pigeons de Paris • Víctor del Árbol (2016)
*traduit de l'espagnol par Claude Bleton*

Les Enfants verts • Olga Tokarczuk (2016)
*traduit du polonais par Margot Carlier*

Des lions comme des danseuses • Arno Bertina (2015)
Nouvelle édition enrichie (préface de Bénédicte Savoy) (2019)

Terre de colère • Christos Chryssopoulos (2015)
*traduit du grec par Anne-Laure Brisac*

Berlin, Bucarest-Budapest : Budapest-Bucarest
Gonçalo M. Tavares (2015)
*traduit du portugais par Dominique Nédellec*

\*

Collection Un Singulier pluriel
*Témoigner, transmettre, questionner.*
*Un sujet et plusieurs voix s'en mêlent.*

Mon fils en rose • Camilla Vivian (2019)
*traduit de l'italien par Hazel Goram et Nino S. Dufour*

Désherbage • Sophie G. Lucas (2019)

Les Saprophytes, urbanisme vivant • Entretien avec Amandine Dhée (2017)

Machiavel face au grand écran • Pablo Iglesias Turrión (2016)
*traduit de l'espagnol par Marielle Leroy*

Le Retour du Prince • Roberto Scarpinato
et Saverio Lodato (2012, 2015), préface d'Edwy Plenel
*traduit de l'italien par Deborah Puccio-Den*

Les Derniers Mots de Falcone et Borsellino • Antonella Mascali,
*traduit de l'italien par Anna Rizzello et Sarah Waligorski* (2013)

Le Fluvial en devenir • Corinne Blanquart (2013)

La Révolution des casseroles • Jérôme Skalski (2012)

Cosa Nostra • Giovanni Falcone et Marcelle Padovani (2012)

Mémoires et Territoires, repères pour l'action
Catherine Foret (2011)

Le Dernier des juges
Roberto Scarpinato et Anna Rizzello (2011)
*traduit de l'italien par Anna Rizzello*

L'Europe XXL, les actes
Alexandre Mirlesse et Olivier Beddeleem (2011)

En attendant l'Europe • Alexandre Mirlesse (2009)
Prix Bienvenu 2009

À chacun sa place • Collectif (2008)

\*

Collection CONTREBANDE

*Un repaire pour celles et ceux qui traduisent, qui ne cessent de faire circuler avec leurs mots ceux des autres. Pour faire entendre la parole d'un traducteur ou d'une traductrice, un parcours, une réflexion, le bruit de la traduction.*

TRADUIRE OU PERDRE PIED • Corinna Gepner (2019)

ENTRE LES RIVES : TRADUIRE, ÉCRIRE DANS LE PLURIEL DES LANGUES
Diane Meur (2019)

\*

Collection LA SENTE

CHÔMAGE MONSTRE • Antoine Mouton (2020)

ÉLISÉE, AVANT LES RUISSEAUX ET LES MONTAGNES • Thomas Giraud (2020)

\*

Retrouvez notre catalogue
sur www.lacontreallee.com

CRÉDITS & REMERCIEMENTS

DIRECTION ÉDITORIALE Benoît Verhille
COUVERTURE Renaud Buénerd
MAQUETTE Valérie Dussart
RELECTURE ET CORRECTION Marianne Kmiecik

NOUS REMERCIONS :
Les équipes de
Belles Lettres Diffusion Distribution
Présence graphique

Les éditions Varia, du Groupe Nota bene

Aline Connabel, relation libraires
& Aurélie Serfaty-Bercoff, relation presse

Alors que l'été 2020 touche à sa fin, après avoir travaillé sur Freshkills, 89ᵉ ouvrage de la maison, durant plusieurs mois, nous sommes aujourd'hui d'autant plus convaincu·e·s de la nécessité d'un tel livre. Ce cinquième tirage a été imprimé à Monts, près de Tours, sur les presses de l'imprimerie Présence graphique, titulaire du label Imprim'vert©.

Un label qui a son importance à nos yeux, qui plus est quand on imprime un essai qui interroge la place des déchets dans nos vies et ce que cela dit de nous ! Une question d'autant plus épineuse à l'heure où l'on produit des masques à usage unique que l'on retrouve trop souvent sur les trottoirs. Ce texte qui se joue des genres et qui vient étoffer la bibliographie de Lucie Taïeb a été imprimé en Minion pro 11 pts sur un papier Clairefontaine bouffant 80 g. Sa couverture, toute de lignes et de courbes, conçue et dessinée par le talentueux Renaud Buénerd, est reproduite sur un papier de création, un Conqueror vergé. *Freshkills* porte le numéro ISBN 9782376650225 et le numéro imprimeur 210268315.